Carsten Borchgrevink

Festes Land am Südpol
Erlebnisse auf der Expedition nach dem
Südpolarland 1898-1900

Borchgrevink, Carsten: Festes Land am Südpol.
Erlebnisse auf der Expedition nach dem Südpolarland
1898-1900
Hamburg, SEVERUS Verlag 2013
Nachdruck der Originalausgabe von 1942

ISBN: 978-3-86347-460-7
Druck: SEVERUS Verlag, Hamburg, 2013

Der SEVERUS Verlag ist ein Imprint der Diplomica
Verlag GmbH.

Bibliografische Information der Deutschen Nationalbibliothek:
Die Deutsche Nationalbibliothek verzeichnet diese
Publikation in der Deutschen Nationalbibliografie;
detaillierte bibliografische Daten sind im Internet über
http://dnb.d-nb.de abrufbar.

© SEVERUS Verlag
http://www.severus-verlag.de, Hamburg 2013
Printed in Germany
Alle Rechte vorbehalten.

Der SEVERUS Verlag übernimmt keine juristische
Verantwortung oder irgendeine Haftung für evtl.
fehlerhafte Angaben und deren Folgen.

Festes Land am Südpol

Erlebnisse auf der Expedition nach dem Südpolarland 1898 – 1900
von Carsten Borchgrevink

Mit Federzeichnungen von Paul Neuenborn

Inhalt

	Seite
Einleitung	5
Zehn Mann allein in einem neuen Lande	9
Eine gefährliche Kletterpartie	19
Das Leben in den Hütten	32
Eine Gletscher-Wanderung	43
Die Pinguine und andere Polarbewohner	53
Die große Eisbarriere	71

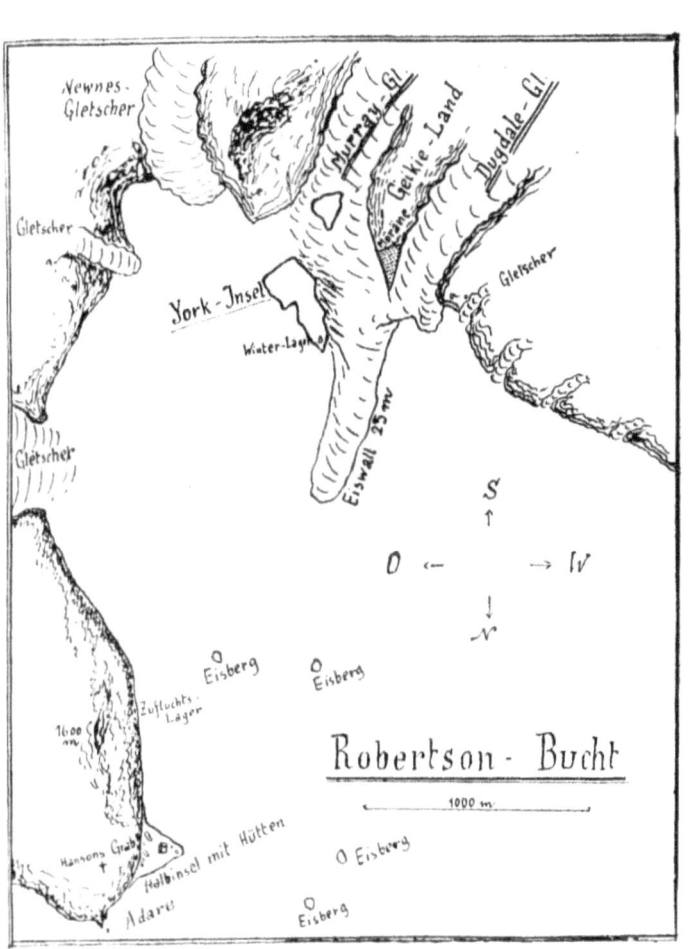

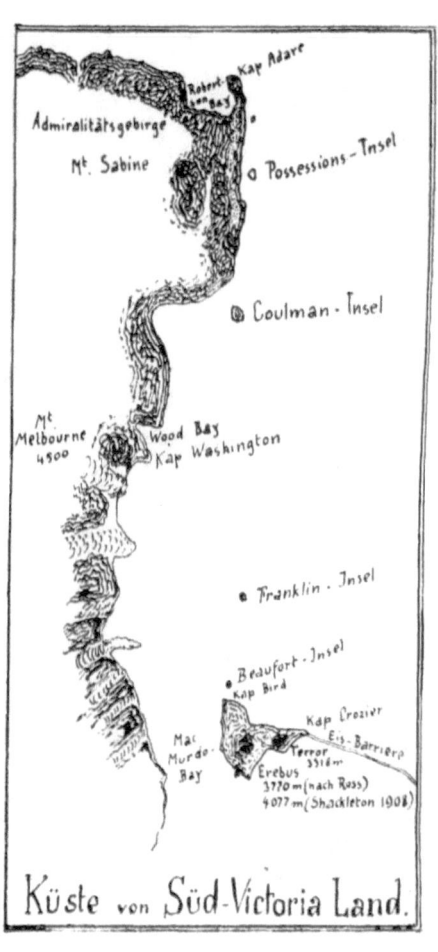

Einleitung

Zweitausend Jahre lang — bis in die zweite Hälfte des 18. Jahrhunderts — erhielt sich der Glaube, daß auf der südlichen Halbkugel ein großer unbekannter Weltteil liegen müsse, dessen Abgrenzung nach Norden hin von dem indischen Ozean gebildet würde. Denn man sagte sich (mit Recht), daß den Landmassen der nördlichen Halbkugel ein ungefähr gleiches Festlandsgebiet auf der südlichen Halbkugel entsprechen müsse, um die Erdkugel im Gleichgewicht zu halten und ihr Umkippen zu verhüten.

Der Weltumsegler J. Cook war der erste, der dreimal über den Polarkreis hinausdrang und im Jahre 1772 die äußerste Grenze des Südpolarlandes in 71^0 10' s. Br. und 106^0 54' w. L. sah. Von dieser Zeit an bis zum Jahre 1841 wurde das Südpolarland von verschiedenen Expeditionen ungefähr in 71^0 s. Br. gesehen.

Die ersten genaueren Kenntnisse über das Land kamen durch den großen Polarreisenden James Clarke Roß, der im Jahre 1841 als Leiter der britischen antarktischen Expedition mit den beiden Schiffen „Erebus" und „Terror" 78^0 10' s. Br. erreichte. Der Hauptzweck der Expedition galt der Auffindung des magnetischen Südpols, dem er sich so sehr näherte, daß die Magnetnadel eine Neigung von 89^0 zeigte.

Roß fuhr von Tasmanien geradeswegs nach Süden, und dieser glückliche Umstand führte ihn zu der einzigen Stelle, wo (soweit unsere heutigen Kenntnisse reichen) ein tiefes Eindringen in die Antarktis ohne besondere Mühe möglich ist. Roß entdeckte ein schnee- und gletschererfülltes Bergland, das er Süd-Victorialand nannte. Da es aber von einer unzugänglichen Eismauer gesperrt wurde, konnte er nicht landen. Das neue Land trug eine Reihe gewaltiger Alpengipfel, die schätzungsweise 3600—4200 m hoch waren und vom mächtigen Mount Melbourne überragt wurden. Noch mehr war man überrascht, als plötzlich ein eis- und schneebedeckter Kegel gesichtet wurde, der Rauch und Asche ausstieß, — ein in diesen Breiten völlig unerwartetes Schauspiel. Der 3770 m hohe Berg wurde Erebus genannt, und der niedrigere Nachbarvulkan, der bereits erloschen war, erhielt den Namen Terror.

Schon bei der ersten Annäherung an das Land war Roß eine unabsehbare weiße Linie aufgefallen, die sich als eine 50 bis 100 m hohe, senkrechte Eismauer enthüllte. Da die Masten kaum halb so hoch wie die riesige Eisbarriere waren, so konnte man nur an wenigen niedrigeren Stellen einen Blick auf die Oberfläche der glatt abgeschnittenen Eismauer tun, die man als eine weite, schneeüberkleidete Ebene erkannte, die nach Süden zu allmählich anstieg und an hohen Schneegebirgen endete. Die Eiswand, die Hunderte von Kilometern weit verlief, bedeutete für Roß eine bittere Enttäuschung, und nachdem er sich wiederholt bemüht hatte, das Ende dieses Hindernisses zu ermitteln, kehrte er nach England zurück.

Der erste, der das Südpolarland betrat, war der norwegische Gelehrte Carsten Borchgrevink. Er nahm an der Fahrt des Walfischfänger-Dampfers „Antarctic" teil (um überhaupt mitzukommen, als einfacher Matrose) und brachte die ersten Gesteinsproben und die ersten Pflanzen von dem antarktischen Festland mit, das man bis dahin für vollständig vegetationslos gehalten hatte. Da die Ergebnisse des Walfanges nicht lohnend genug waren, so wendete das Schiff zu Borchgrevinks großem Bedauern zu einer Zeit um, wo sich ein glänzendes Entdeckungsgebiet in nächster Nähe bot.

Indessen war die Reise für Borchgrevink insofern von Bedeutung, als er Gelegenheit fand, die antarktischen Fragen aus der Nähe zu betrachten. Die Entdeckung eines kleinen eisfreien Strandes bei Kap Adare ermöglichte es ihm, schon auf dem Rückwege in großen Zügen eine wissenschaftliche Expedition nach dem Südpolarland zu entwerfen.

Im Jahre 1898 brach Borchgrevink als Leiter einer wissenschaftlichen Expedition, die von dem Londoner Verleger George Newnes begünstigt wurde, zum zweiten Male nach den antarktischen Gebieten auf. Die reichen Ergebnisse und Erlebnisse dieser Expedition hat Borchgrevink mitgeteilt in dem Buche: „Das Festland am Südpol". Die Expedition zum Südpolarland in den Jahren 1898 bis 1900. Mit 6 Karten, 321 Text- und 5 bunten Abbildungen. S. Schottlaenders Schlesische Verlags-Anstalt, Berlin W. 1905.

Aus diesem Buche sind die in vorliegendem Bändchen enthaltenen Schilderungen mit gütiger Erlaubnis des Verlages entnommen.

*

Über den Plan der Expedition schreibt Borchgrevink: „Ich wollte vom Süden Australiens her auf mein Arbeitsfeld losfahren, weil ich diese Seite für die günstigste Angriffsstelle hielt. Hier war es ja Roß im Jahre 1841 geglückt, weiter als irgend ein anderer gegen Süden vorzudringen, und außerdem hatte er aus der Ferne eine zusammenhängende Küstenlinie von über 400 Meilen beobachtet, die an manchen Stellen ein mehr als gewöhnliches Interesse für die Wissenschaft darzubieten schien. Die mächtigen tätigen Vulkane, die ungeheuren Gletscher, die hohen Bergriesen, die große Eisbarriere im fernen Süden, die selbst dem weiteren Vordringen des menschlichen Gedankens trotzt, alles dieses wirkte verlockend. Dazu kam, daß dieses unbekannte Land magnetische Probleme enthielt, deren Lösung nicht nur für die Wissenschaft, sondern rein praktisch für die Schiffahrt auf der südlichen Halbkugel von unschätzbarem Werte sein würde.

Es war meine Absicht, erst einen festen Ausgangspunkt für die Landexpedition zu wählen, deren Hauptaufgabe in der Untersuchung der Verhältnisse an den neuen Küsten bestehen sollte. Ich nahm an, daß die kleine Halbinsel bei Kap Adare einen ziemlich sicheren Zufluchtsort bieten würde, von wo aus wir nach und nach mit neuen Plänen für die Erforschung des Landes weiter gehen könnten.

Ich brachte Baumaterial für zwei möglichst große hölzerne Hütten mit, da wir einen ziemlich großen Raum für die Aufbewahrung der Sammlungen brauchten, die wir voraussichtlich machen würden. Hier wollte ich auch alle Photographien entwickeln, die wir von unsern Schlitten= fahrten heimbringen würden.

Ich wollte, wenn es glücken sollte, auf dem südlichen Polarland zu landen, das Schiff nördlich senden, damit es sich während des Winters in offenem Wasser aufhalten und dadurch den Pressungen des Polareises entgehen könne. Im folgenden Jahre sollte das Schiff so früh als möglich, beim Eintritt des Sommers, Kap Adare zu erreichen suchen, damit wir seine Dienste zur Untersuchung der Küsten aus= nutzen könnten, die Roß ein halbes Jahrhundert früher in der Entfernung gesehen hatte. Ich dachte auch an die Möglichkeit, daß das Schiff zur Untersuchung der Eisbarriere nötig werden möchte.

Ich hoffte die Schwierigkeiten zu überwinden, welche diese Eiswand darzubieten schien, möglicherweise sie auch besteigen und weiter in das Unbekannte eindringen zu können. Sollte es glücken, weiter südlich als Roß zu gelangen, so mußte die Barriere unter allen Umständen erklommen werden."

Die Expedition war auf 2 Jahre berechnet, wurde aber für einen dreijährigen Aufenthalt im Polarreiche ausgerüstet. Das Expeditionsschiff, ursprünglich für den Robbenfang im nördlichen Eismeer bestimmt, hieß „Southern Croß" (= Süd= kreuz), nach dem strahlenden Himmelsbild, unter dessen Zeichen Borchgrevink in das Südpolargebiet vordringen wollte.

Die Expedition umfaßte außer Borchgrevink 30 Teil= nehmer: Kapitän Jensen, der eine 20jährige Erfahrung in den arktischen Regionen hinter sich hatte, vier Wissen= schaftliche: den Arzt Dr. Klövstadt, den Präparator Nic. Hanson, den magnetischen Observator Leutnant Colbeck und L. Bernacchi, ferner Evans, Fougner, Kolbein Elleffen, die beiden Lappen Savio und Must und die Schiffsmannschaft.

Die beiden norwegischen Lappen waren erfahrene und tüchtige Skiläufer; da sie aus ihrem nordischen Leben vieler= lei praktische Ratschläge und Handfertigkeiten mitbrachten, waren sie für die Expedition von großem Nutzen,

Zehn Mann allein in einem neuen Lande

Am Abend des 17. Februar 1899 fiel in dem letzten unbekannten Festland der Erde zum erstenmal ein Anker.

Wir waren in die Robertson=Bucht eingelaufen, die südwestlich von Kap Adare liegt. Die „Southern Croß" ließ den Anker niedergleiten. Noch ehe das Spritz= wasser des fallenden Ankers an dem Schiffe festfror, don=

nerten unsere vier Kanonen, während 31 begeisterte Männer ein Hurra nach dem andern in die klare, kalte Luft hinaussandten.

Ich ließ ein kleines Boot aus Segeltuch aussetzen und nahm Bernacchi und den Lappländer Savio mit mir. Das Landen wurde uns dadurch erschwert, daß am Strande hoher Seegang und starke Strömung herrschte. Wir warteten, bis eine hohe Welle kam, und dann ruderten wir, so schnell wir konnten, dem Lande entgegen. Mitten im weißen Schaum wurde unsere kleine Nußschale ans Land gespült. In dem Augenblick, als das Boot mit seinem flachen Kiel aufstieß, sprangen wir alle schleunig hinaus, um nicht von der Woge ergriffen und zurückgespült zu werden. Dann brachten wir das Boot in Sicherheit, und Bernacchi entblößte sein Haupt und sprach mir seine herzlichen Glückwünsche dazu aus, daß wir die erste Aufgabe unserer Expedition erfüllt und das große unbekannte Land erreicht hatten.

Einige wenige Pinguine befanden sich noch auf der Halbinsel und wanderten unruhig umher. Sie schienen sich vor Ankunft des Winters auf die Reise nach dem Norden vorzubereiten. Schon in weitem Abstand hatten wir den Ammoniakgeruch ihrer Guanohaufen gespürt, und der Geruch wurde immer stärker, je mehr wir uns dem Strande näherten.

Mein erster Besuch am Lande war kurz, und wir kehrten gleich zur „Southern Cross" zurück. Es handelte sich darum, das gute Wetter auszunutzen. Die Bucht war augenblicklich einigermaßen eisfrei, und es schien angesichts der späten Jahreszeit nicht ratsam, das Schiff in der gefährlichen Stellung in der Nähe des Landes lange aufzuhalten. Sollte ein Sturm von Nord oder West ausbrechen und auf das Kap zuhalten, so war „Southern Cross" sehr gefährdet. Ich wußte, daß die Bucht sich dann im Laufe einer Stunde mit Packeis füllen konnte.

Am 18. begannen wir mit dem Löschen. Wir mußten alle Kisten, alle Instrumente, alle Säcke, alle 90 Hunde,

Proviant für 3 Jahre, 20 Schiffstonnen Kohlen und Baumaterial für die beiden Holzhäuser in unsern kleinen Walbooten nach und nach an Land befördern. An der Küste war indessen die Strömung so stark, daß wir die tiefgeladenen Boote nicht bis ganz dicht an den langen flachen Strand bringen konnten, den die Wassermassen in unaufhörlicher Bewegung bespülten. Wir mußten zu den Booten hinauswaten und auf unsern Rücken jede Kiste, jeden Sack mit Kohlen, jeden Schlitten, kurz gesagt, unsere ganze Ausrüstung ans Land tragen.

Etwa 10 Tage mußten wir bis an die Hüften im eisig kalten Wasser arbeiten. Ich glaube wohl, daß der eine oder andere von uns sich seinen Rheumatismus in diesen Tagen geholt hat.

Am 23. Februar wurden wir plötzlich in unserer Arbeit durch einen sehr starken Sturm aus Südost gestört. Der Sturm gewann schnell an Stärke und hatte im Laufe einiger Stunden einen orkanartigen Charakter mit starken Schneewehen angenommen.

Die „Southern Croß" lag zu dieser Zeit wenige Kabellängen vom Strande entfernt. Gegen Osten lag das Kap mit seiner lotrechten schwarzen Wand. Hinter uns lagen drei kleinere Eisberge. Viel Treibeis war in die Bucht gekommen. Das Barometer sank kurz vor dem Sturme, schnell, ja so schnell, daß wir keine Zeit hatten, die am Lande arbeitenden Leute an Bord zu nehmen. Hier hatten sie als einzigen Schutz gegen den fegenden Polarsturm nichts als ein einfaches lappländisches Zelt. Allerdings hatten sie einige Nahrungsmittel bei sich; wäre aber das Schiff vernichtet worden, so hätte sich die Lage der an Land Gesetzten geradezu hoffnungslos gestaltet. Ich selbst befand mich damals auf dem Schiffe. Auch Kapitän Jensen war glücklicherweise noch im letzten Augenblick an Bord gekommen.

Schon ehe die Dunkelheit eintrat, hatte das Schneefegen die kleine Halbinsel und unsere dort befindlichen Kameraden vor unseren Augen verborgen. Wir hatten zwei große Anker mit vielen Ketten draußen. Obgleich wir uns nahe und zum Teil im Schutze der Klippen befanden und obgleich der Wind aus Südost kam, stand doch eine große unruhige See in der Bucht, in der wir uns aufhielten.

Mit zunehmender Dunkelheit wuchs auch die Kraft des Sturmes. Es regnete kleine und große Steine, die von der steilen Oberfläche des Kaps auf uns herabwehten. Einzelne Steine hatten etwa 1 Zoll Durchmesser.

Um 11 Uhr wehte es so stark, daß wir uns auf dem mit Eis bedeckten Deck kaum zu halten vermochten. Die Spritzwellen fegten von vorn bis hinten über die „Southern Cross". Kapitän Jensen und ich waren um 11½ Uhr auf der Brücke, als die eine Kette riß und wir anfingen in die schwarze See hinauszutreiben. Es war das erstemal, daß ich Kapitän Jensen ratlos sah. Gegen Norden im Schneedickicht lag, wie wir wußten, die Halbinsel; hinten in der Richtung, in die wir trieben, hatten wir, ehe es dunkel wurde, drei große Eisberge gesehen, die sicher auf Grund standen.

Um 12 Uhr wurden der Kapitän und ich uns darüber einig, daß wir die Takelage kappen mußten. Wir hatten dann Aussicht, mit der Maschine die „Southern Cross" auf Land zu setzen und somit etwas von unserm Proviant und unserer Ausrüstung zu retten. Es gelang aber niemand, an dem vereisten Tauwerk in die Höhe zu klettern, und es stürmte mit einer solchen Stärke, daß wir auf allen vieren auf Deck herumkriechen mußten. Der Sturm heulte derartig in der Takelage, daß wir uns nur in der Kajüte miteinander verständigen konnten.

Alles hing jetzt von unserer Maschine ab. Ich erinnere mich noch deutlich des Besuches, den ich in dieser Nacht unten im Maschinenraum machte, wo die beiden pflichtgetreuen Heizer mit fieberhaftem Eifer arbeiteten, während sie die Kohlen auf die Roste schütteten, um einen so hohen Dampfdruck wie möglich zu erzielen. Selbst dort konnte man vor dem draußen tobenden Orkan sein eigenes Wort nicht verstehen.

„Treiben wir?" fragte der Maschinist Olsen, und beide

Heizer brachen ihre Arbeit ab, um meine Antwort zu hören. Als ich ihnen unsere gefährliche Lage auseinandersetzte, und ihnen erklärte, daß jetzt alles von der Maschine abhing, arbeiteten sie alle drei mit verdoppelter Kraft.

Jeden Augenblick konnten wir gegen die Klippen geschleudert oder zwischen den Eisbergen zerdrückt werden. Als der Dampfdruck so weit in die Höhe getrieben war, als der Kessel überhaupt noch vertragen konnte, wurden die Schraubendrehungen schneller. Es schien, als wenn die „Southern Cross" zum Leben erwacht sei, während die Herzschläge im Maschinenraum so stark wurden, daß man sie über das ganze Schiff fühlte.

Es glückte uns, einen neuen Anker anzubringen, und mit der mit voller Kraft arbeitenden Maschine trieben wir jetzt nur langsam den drohenden Eisbergen entgegen.

Gegen Morgengrauen flaute der Sturm glücklicherweise etwas ab, und wir bewegten uns jetzt wieder langsam gegen die Klippen beim Kap.

Hier ragten einige einsame Klippensäulen etwa 50 m von der Felswand entfernt aus dem Meer empor. Da das Barometer wieder zu fallen begann und der Sturm an Kraft zunahm, entschlossen wir uns, zwei feste Kabel aus Stahldraht an diesen Klippen zu befestigen, um im Falle eines neuen Ausbruchs des Orkans einen Halt zu haben.

Dies war aber eine höchst gefährliche und anstrengende Arbeit. Indessen trat Oskar Bjarkö vor und erklärte sich bereit, sie mit zwei Gefährten auszuführen.

In der kurzen schweren See arbeiteten sich die drei kühnen Burschen bis an die Klippe heran. Mit der größten Spannung folgten wir vom Schiff aus jeder ihrer Bewegungen, als sie sich der gefahrdrohenden Klippe näherten, während das leichte Boot den einen Augenblick hoch oben auf den Wogen schwamm, um im nächsten Augenblick in die Tiefe zu versinken. Oft schien es, als würde es gegen das Gestein geschleudert und müßte dort zerschellen.

Plötzlich stand Oskar Bjarkö mit einem kräftigen Sprung hoch oben auf dem eisbedeckten Felsen. Die andern ruderten wieder zum Schiff zurück und holten eine feste Leine, an der die schweren Stahldrahttrossen befestigt waren, die auf die Klippe gezogen werden sollten, von der Bjarkö jetzt ein mitgebrachtes Tau hinunterließ.

Es waren einige schwere Minuten für Bjarkö. Die See ergoß sich über ihn und drohte mehrmals, ihn von der glatten Klippe niederzuspülen. Er fror tüchtig, als die beiden mit dem Boot kamen und die Leine mit seinem Tau verbanden. Dann schwang sich noch einer der beiden andern Matrosen auf die Klippe, und so holten sie mitten in den Spritzwellen des Polarmeeres die schweren Stahldrahttrossen von der „Southern Croß" herauf und befestigten sie rund um die Klippensäule, die ungefähr 2½ m im Durchmesser hatte. Die „Southern Croß" war dadurch einigermaßen in Sicherheit gebracht.

Inzwischen waren die Mitglieder, die die Nacht am Lande zubrachten, mit einem andern Walboot an Bord gekommen, und sie erzählten, was sie während des Orkans durchgemacht hatten. Sie hatten sich unter der Decke des Zeltes einschneien lassen, und dort eine Reihe schwerer Kisten zusammengestellt, auf denen sie die ganze Nacht saßen. Aber jedesmal, wenn der Orkan richtig tobte, hoben sich die Kisten mit ihnen, und sie mußten jeden Augenblick befürchten, in das Meer gefegt zu werden. Sie hatten während der Nacht auch tüchtig gefroren.

Das Löschen wurde jetzt mit voller Kraft fortgesetzt; aber am 26. Februar brach wieder ein sehr starker Sturm aus Südost los. Die beiden Lappen waren die einzigen, die in ihrem Zelt am Land waren, während wir uns während des Sturmes draußen vor dem Kap Adare aufhielten, wo es unter dem Schutz der Klippen verhältnismäßig ruhig zuging und wo uns nur hin und wieder starke Windstöße von den Baispitzen trafen, die durch die Takelage der „Southern Croß" sausten. Später dampften wir ganz bis ans Ende der Robertson-Bucht hinauf, wo ein ungeheurer Gletscher mit starkem Gefälle bis zum Meer niedergeht.

Während wir hier lagen und auf gutes Wetter warteten, sandte ich unsere erste Landexpedition aus, die 1000 m bis zu dem Bergrücken vordrang, der westlich von diesem großen Gletscher liegt. Auf diesem kurzen Ausflug fanden die Teilnehmer bis zur Höhe von 1000 m Vegetation. Allerdings waren es nur Flechten. Die geologische Sammlung, die sie mitbrachten, war gleichfalls interessant. Sie hatten große Quarzstücke, grauen Schiefer und porösen Basalt gefunden.

Nachdem unsere kleine Landexpedition glücklich wieder an Bord war, begaben wir uns auf die Halbinsel bei Kap Adare zurück, wo wir jetzt mit aller Kraft anfingen, die kleinen Holzhäuser, die wir aus Norwegen mitgebracht hatten, zusammenzusetzen und einzurichten.

Der antarktische Herbst war stark vorgeschritten, und die Stürme nahmen an Kraft zu. Es kam beständig mehr und mehr Treibeis in die Bucht. Ich fürchtete, daß das Schiff eingeschlossen würde. Wenn es, wie beabsichtigt, wieder durch das Packeis zurück sollte, ehe dieses sich schloß, so war es die höchste Zeit, daß es vom Kap Adare aufbrach.

Unsere Aufgabe war es jetzt, so schnell wie möglich den Rest der Ausrüstung für uns, die wir beim Kap überwintern sollten, an Land zu bringen, und wir hatten noch schwere Arbeit, ehe uns dies glückte. Mit mir waren wir zehn Mann, die dazu bestimmt waren, die Geheimnisse des Südpolarlandes während einer Überwinterung zu erforschen. Eine bedeutende Menge aller Arten Proviant und Ausrüstung war erforderlich, um so viele Männer mit einiger Ruhe einem Winter von unbekannter Strenge zu überlassen. Es gelang uns schließlich auch mit Not und Mühe, alles zur rechten Zeit an Land zu bringen.

Der 2. März war der äußerste Zeitpunkt für die Abreise der „Southern Croß" vom Kap Adare. Die Hunde und die letzten Proviantkisten waren ans Land gekommen. Wir, die wir zurückbleiben sollten, begaben uns jetzt nach einem herzlichen Abschied von unsern Gefährten von Bord.

Außer mir verließen Dr. Klövstadt, Leutnant Colbeck, Bernacchi, Hanson, Evans, Fougner, Kolbein Elleffen und die beiden Lappen Savio und Muft die „Southern Croß", um auf dem schmalen Küstenstreifen am Fuß des Kap Adare zu überwintern.

Am Nachmittag lichteten die da draußen die Anker. Der Rauch wälzte sich aus dem Schornstein, die Schrauben setzten sich in Bewegung, und langsam, dann aber schneller, immer schneller entfernte sich die „Southern Croß" vom Kap Adare.

Mit gemischten Gefühlen blickten die zehn an der öden Küste zurückbleibenden Männer dem Schiffe nach, das sich gegen den nördlichen Horizont entfernte. Unsere isolierte Stellung auf dem Polarland, 2000 Meilen südlich vom australischen Festlande, ohne die Möglichkeit, von hier fortzukommen, wurde uns erst richtig klar, als wir die „Southern Croß" fortdampfen und unsere Wünsche und Grüße für die nördliche Halbkugel mit sich nehmen sahen.

Welchem Geschick gingen wir entgegen? Was würde der „Southern Croß" im kommenden Jahre beschieden sein? Würde es uns möglich sein, das Leben am Kap Adare aufrecht zu erhalten? Würden die Verhältnisse, unter denen wir hier leben mußten, und die Naturkräfte, denen wir trotzen wollten, nicht zu stark für die menschliche Kraft und Standhaftigkeit sein? Wurde die „Southern Croß" auf dem Rückweg im Eise zerdrückt, wie lange mußten wir dann hier am Südpol ausharren?

Diese und viele andere Gedanken stürmten auf uns ein, als wir still zu unsern Hütten zurückkehrten, nachdem die „Southern Croß" in der Dunkelheit unsern Blicken entschwunden war. Aber die schwere Arbeit, die erforderlich war, um den Angriffen des antarktischen Winters zu widerstehen, nahm uns wieder vollständig in Anspruch und verjagte alle unsere trüben Gedanken. Die zwei kleinen Holzhäuser, in denen wir wohnen sollten, waren 5 m im Quadrat und vom Fußboden bis zur Decke $2^{1}/_{2}$ m hoch.

Als die Hütten vollständig aufgebaut waren, wählte ich

die nördliche zum Wohnhaus und die südliche zum Magazin für den Proviant und die Ausrüstung. Sie lagen 4 m voneinander entfernt von Süd nach Nord in gerader Linie.

Der Wind hatte uns schon, ehe die „Southern Cross" uns verließ, deutlich gezeigt, welche Stärke er hier anzunehmen vermag, und wir trafen sofort alle Vorsichtsmaßregeln, um den wahrscheinlich schweren Winterstürmen zu widerstehen. Wir hatten vier große Anker an Land gebracht, die wir neben den Hütten in den Kies vergruben. An diesen befestigten wir mittels solider Trossen von Stahldraht die Dächer und verbanden auf diese Weise die Hütten so fest wie möglich mit dem Erdboden.

Um aber noch weiter die Kraft des Windes von Südost zu brechen, der mit gewaltiger Wucht über das 1600 m hohe Kap auf uns herabfiel, konstruierten wir ein großes schräges Dach an der östlichen Seite der Hütten. Dieses Dach ging vom Dachrücken bis zur Erde herunter und bedeckte auch den Raum zwischen den Hütten.

Unser schräges Dach schützte uns nicht nur gegen den Wind, sondern bedeutete für uns auch einen willkommenen Zuwachs an Lagerraum für Proviant, Kohlen, Schlitten und Skis. Wir konnten uns jetzt, ohne uns den Unbilden der Witterung auszusetzen, von der einen Hütte in die andere begeben.

Sobald wir mit der Einrichtung der Hütten fertig waren, konstruierten wir mit Hilfe eines Lappenzeltes ein magnetisches Observatorium. —

Wenn man in Betracht zieht, daß unser einziges Zimmer — falls die Wohnhütte so genannt werden darf — nur 5 m im Quadrat und 2½ m Höhe hatte, so waren wir im großen und ganzen doch recht gemütlich eingerichtet. Der größte Übelstand war, daß, wenn alle drei Türen geschlossen waren, die Luft oft ziemlich schlecht wurde. An der linken Wand hatten wir ein kleines Fenster mit doppeltem Glas und einer dicken hölzernen Klappe außen, die es im Winter gegen den Druck des Schnees schützte. Im Dach befand sich eine große viereckige Luke, die zu einem kleinen schrägen Boden führte. Auf diesem hatten wir die Bibliothek, verschiedene Arzneien und denjenigen Proviant, der keinen Frost vertragen konnte, untergebracht.

Unsere Kojen waren aus Holz, die eine über der andern, an den Wänden entlang gebaut. Auf Anraten des Arztes hatten wir sie ganz geschlossen, und jede hatte ein kleines, nur mit einem Tuch verhangenes Loch, durch das wir hinein und heraus krochen. Der Doktor meinte, daß es für manche Menschen sehr angenehm, ja notwendig sei, bisweilen allein zu sein, und die Richtigkeit dieser Behauptung fanden wir auch bald bestätigt. Wenn wir in unsern Kojen eingeschlossen lagen, befanden wir uns in bezug auf Gemütlichkeit und Ausstattung etwa wie in einem — modernen Sarg. Doch erwies sich diese Einrichtung als durchaus praktisch. Im Laufe der antarktischen Nacht wurden wir einander so überdrüssig, daß man bisweilen beobachten konnte, wie eins der Mitglieder erst vorsichtig den Vorhang hob, der ihn von dem Wohnraum trennte. Entdeckte er dann einen Kameraden, der, um frische Luft zu schnappen, im Wohnraum weilte, so ließ er den Vorhang oft schnell wieder niederfallen.

In der linken Ecke des gemeinsamen Wohnraumes hatten wir einen großen Feuerherd auf vier Rädern. Von diesem führte als Schornstein ein eisernes Rohr durch das Dach. Wenn wir richtig feuerten, so wurde es in der Hütte bis zur Höhe unserer Schultern warm, unten am Fußboden blieb es aber kalt. Etwas besser wurde es, als der Schnee uns unter sich begrub. Da hörte der Zug auf, und die einzige Luft, die zu uns hereinkam, drang durch das Schornsteinrohr und durch den Kanal, der sich allmählich im Schnee gebildet hatte, und der den einzigen Eingang zu unserm kleinen Heim ausmachte. Zur Feuerung benutzten wir entweder Holz, Kohlen oder Speck. Holz war allerdings nur in geringer Menge vorhanden, daher nahmen wir es nur zum ersten Anheizen. Den Speck hatten wir von den vielen Seehunden, die wir, ehe das Eis sich festsetzte, am Strande fanden.

Wir aßen auch das Fleisch der getöteten Seehunde; es

wollte uns aber in den erſten Tagen, ſolange wir noch einige
Reſte von Rind- und Lammfleiſch hatten, nicht ſchmecken.
Allmählich gewöhnten wir uns jedoch daran.

Eine gefährliche Kletterpartie

Inzwiſchen fingen wir an, unſere kleine Halbinſel und
die hohen Felsmaſſen des Kaps Adare hinter uns ge=
nauer zu unterſuchen, und beſtiegen das Kap einſtweilen
bis zur Höhe von 1200 m.

Auf der Halbinſel fanden wir kleine Binnenſeen; die
meiſten waren mit ſüßem Waſſer gefüllt, nur der eine See
hatte Brackwaſſer. An der Küſte ſtießen wir auf viele tote
Seehunde, die hier wahrſcheinlich jahrelang gelegen hatten.
In der trockenen kalten Luft hatten ſie ſich wie Mumien
gehalten. Außerdem lagen überall Pinguinknochen, meiſtens
Skelette von jungen Pinguinen, die von der Skuamöwe ge=
tötet waren. Dieſe Möwe fanden wir bei unſerer Ankunft
am Kap Adare in großer Anzahl vor. Sie iſt doppelt ſo
groß wie ein Rabe und in der Regel dunkelblau. Einzelne
Exemplare ſind ganz hellblau. Es ſind ſehr freche Vögel,
und ſie griffen uns oft an. Ich werde in einem ſpäteren
Bericht über ihr Leben und ihre Eigenſchaften erzählen.

Kap Adare beſteht aus einem großen baſaltiſchen Felſen,
der als eine faſt lotrechte Wand bis zu 300 m aus dem
Meer emporſteigt. Der Baſaltkies=Boden rührt ſicher von
dem Gletſcher her, der ſich einſt über das Kap bewegte, ſich
jetzt aber weſtlich gezogen hat, wo er jedes Jahr ungeheure
Eisberge in das Meer hinausſendet.

Am 18. März rüſteten wir die erſte kleine Expedition
aus, die den Zweck verfolgte, die Spitze des Kaps Adare
zu unterſuchen. Ich nahm Bernacchi und Colbeck mit mir.
Wir brachten unſere Ausrüſtung die ſteilen Felſen hinauf,
indem wir alle Inſtrumente, den Proviant und die Schlaf=
ſäcke auf dem Rücken trugen. Es wurde in dieſer Jahres=
zeit früh dunkel, und bei Beginn der Nacht ſchlugen wir
unſer Lager in einer Vertiefung zwiſchen zwei Kieshügeln
auf der Spitze des Kaps auf.

Wir hatten indessen kaum unser kleines seidenes Zelt aufgestellt, als der erste Stoß eines nahenden Wintersturmes uns erreichte und uns und unsere Ausrüstung in den nur wenige Meter entfernten Abgrund zu wehen drohte. Es glückte uns noch grade, unsere Schlafsäcke in das seidene Zelt zu schaffen und etwas Proviant mit hineinzunehmen, als der Sturm mit aller Gewalt losbrach. Wir waren in unsere Schlafsäcke gekrochen und lagen auf dem Boden unseres seidenen Zeltes, während das Zeltdach wie eine Decke über uns ruhte. Jetzt begann ein Krieg zwischen uns und dem Unwetter. Der Sturm versuchte, uns über den Abhang davonzutragen, wir machten uns aber so widerstandsfähig wie möglich.

So verbrachten wir die ganze Nacht, während der Wind unaufhörlich an der seidenen Decke riß. Um ein wenig Luft zu schnappen, mußten wir das eine Ende des Zeltes ein wenig öffnen, wobei wir in unsern Schlafsäcken aufrecht saßen. So stark war der Wind in dieser Nacht, daß er sich schließlich zwischen die dicht geschlossenen Fäden der Seide hindurcharbeitete.

Am nächsten Tage wütete wieder ein heftiger Schneesturm, der uns den Schnee wie Nadeln ins Gesicht peitschte. Wir banden uns mit einem festen Tau zusammen und setzten behutsam unsern Weg fort. Das Schneegestöber und die Kälte benahmen uns fast den Atem. Wir fanden, daß gutes Pelzwerk der einzige praktische Anzug bei derartigen Stürmen ist. Der Wind durchdrang alle andern Kleider, ja, auch in unsern Pelzkleidern fühlten wir an den Stellen, wo die Naht im Pelz sich etwas geöffnet hatte, so daß der Wind hinein konnte, heftige Schmerzen, die Nadelstichen ähnelten.

Der letzte Sturm hatte wieder das Eis in der Bucht gebrochen, und im Hauptlager ging es jetzt eine Zeitlang ruhig her. Teils beschäftigten wir uns damit, Pelzkleider für den Winter aus Seehundsfell anzufertigen, teils mußten wir den alten Schaden ausbessern, den der letzte Sturm verursacht hatte. Leider hatte der Wind auch eins unserer Walboote zerschlagen. Es war 15 m lang, sehr schwer und von solider Bauart. Trotzdem hatte es der Wind gepackt und wie einen Vogel durch die Lüfte getragen, bis es mit

fürchterlicher Kraft gegen einen Felsen geschleudert und hier zerschmettert wurde. Wir fanden nur noch die Reste des Bootes. Es blieben uns jetzt nur noch ein Walboot und einige zusammenlegbare Boote aus Segeltuch.

Beim letzten Sturm waren am Ufer eine Menge Seesterne angetrieben worden. Diese waren die ersten Vertreter der Grundwasser=Tierwelt, am antarktischen Festlande, die wir fanden. Es war für uns wie später für die wissenschaftliche Welt eine Überraschung, daß hier an der Küste des Polarlandes ein sehr reiches See=Tierleben existierte. Unsere Entdeckung stürzte eine alte, anerkannte Theorie um.

Noch fanden wir vielfach Seehunde an der Küste, und an Seehundsfleisch für unsere Hunde litten wir keine Not. Es bot sich uns auch häufig Gelegenheit, ihr Leben am Strande zu studieren, wie sie faul dalagen und sich darüber freuten, daß das Wasser noch offen war. Bernacchi, der ein sehr tüchtiger Photograph ist, war mit seinem Apparat immer unterwegs.

Eines Tages lag ein außerordentlich hübscher Seehund am Strande, der sich Bernacchis Aufmerksamkeit zuzog, und er machte sich dann auch mit seinem größten und besten Apparat von der Hütte aus auf den Weg.

Lebhaft wie immer und eifrig bemüht, sich ein gutes Bild von dem Tiere zu sichern, bat er den Seehund sehr höflich, aufzuwachen und zu lächeln, und gab ihm alle möglichen guten Ratschläge, wie sie die gewerbsmäßigen Photographen ihrer Kundschaft zu erteilen pflegen. „Bitte, recht freundlich!" rief er aus und bat gleichzeitig den Leutnant Colbeck, das Tier mit einem Stoß aufzumuntern. Selbst kroch er in gebückter Stellung, mit einer großen Sammetdecke über dem Kopf und dem Apparat in der Hand, vorsichtig näher, während er den Seehund durch das Auge des Apparates betrachtete.

Leutnant Colbeck gab dem Seehund den erforderlichen Stoß, worauf sich das Ungeheuer mit einem fürchterlichen Gebrüll auf die Linse des Apparates stürzte.

Jetzt veränderte sich die Situation. Dem heftigen Angriff des Seehundes verdankten wir ein Bild Bernacchis, der auf dem Rücken mit den Beinen in der Luft zappelnd dalag und den Apparat getreulich in den Händen hochhielt, während die Sammetdecke sein Antlitz barmherzig verhüllte und ihm dadurch den Angriff unseres schadenfrohen Lächelns ersparte. —

Den ganzen April hindurch herrschte in der Robertson-Bucht große Unruhe. Während es an dem einen Tag fror und die Bucht sich mit Eis bedeckte, brach der Sturm das Eis am nächsten Tage wieder auf und trieb es ins Meer hinaus.

Große Eisberge trieben in die Robertson-Bucht, wo manche von ihnen den Boden erreichten und stehen blieben; die kleineren von ihnen folgten aber der wilden Strömung um die Bucht herum. Die Eisberge, die wir sahen, glichen oft großen schwimmenden Festungen. Sie waren 60—100 m hoch und oben ganz flach. Die obersten 5—10 m des Berges trugen deutliche Spuren des Schnees, der auf die Gletscher gefallen und zu Eis geworden war, das ebenso hart wie das übrige Gletschereis war, aus dem die Hauptmasse des Berges bestand.

Am 22. April lag $3/4$ m dickes Eis in der Meeresbucht westlich vom Kap Adare. Wir hatten uns lange danach gesehnt, endlich zu unserer ersten Schlittentour zu kommen und somit vor dem Eintritt des Winters eine kartographische Aufnahme machen zu können. Jetzt entschloß ich mich, der östlichen Seite der Robertsonbucht zu folgen, um möglichst das gänzlich unbekannte Innere der Meeresbucht zu erreichen. Wir hatten alle Hände voll zu tun, um den Proviant einzupacken und die Geschirre für die Hunde fertig zu machen, sowie alles für unsere erste Schlittentour in Ordnung zu bringen. Ich nahm Fougner, Bernacchi und den Lappen Savio, Proviant für 20 Tage und 20 Schlittenhunde mit mir. Außer den Instrumenten und der gewöhnlichen Ausrüstung, dem seidenen Zelt, den Schlafsäcken und Skis versahen wir uns mit einem kleinen Boot aus Segeltuch, das sich ausgezeichnet für Schlittentouren eignete und leicht wie ein Buch zusammengeschlagen werden konnte.

Wir verließen das Lager um 11 Uhr vormittags und arbeiteten uns auf dem sehr unebenen Eise vorwärts, bis die Dämmerung hereinbrach. Das Eis wurde immer dünner, je weiter wir kamen, so daß wir uns nur mit größter Vorsicht vorwärts bewegen durften. Mit Anspannung aller Kräfte erreichten wir gegen Abend einen schmalen Strand, der sich in einer kleinen Bucht unterhalb der lotrechten Felswand an der Küste gebildet hatte. Der schmale Strand, auf dem wir unser kleines seidenes Zelt aufschlugen, war ungefähr 7 m breit und lag nicht mehr als 1¼ m über der Meeresoberfläche. Er hatte die Form eines Halbmondes, der die konkave Seite nach außen kehrt. Kies war von der lotrechten Seite des Felsens heruntergefallen und hatte einen scharfen Abhang nach dem Strande zu gebildet. Der oberste Abhang dieses Abhanges lag ungefähr 10 m über dem Wasser, dahinter türmte sich der Felsen 160 m lotrecht empor, so daß unser kleiner Strand nach beiden Seiten von den Felsen abgeschnitten war.

Ich hatte die erste Wache, während die andern in die Schlafsäcke krochen, um zu schlafen. Plötzlich kam ein Windstoß, und dann noch einer, und der Sturm war da. Um 7 Uhr brach das Eis in der Bucht auf, und das Spritzwasser ging über uns weg.

Kein Augenblick war zu verlieren. Wir hatten gerade noch Zeit, unsern Proviant auf den Abhang hinauf zu ziehen, der sich bis zur Felswand erstreckte, als das Meer unsern niedrigen Strand, wo noch vor wenigen Augenblicken unser Zelt stand, mit weißem Gischt überspülte. Auf der Spitze dieses Abhanges, wo wir jetzt standen oder vielmehr hingen, hatte sich eine Art Galerie gebildet. Der Schnee war gegen die Felswand geweht und von ihr etwa 1¼ m zurückgeworfen. Bis hierher hatte das Spritzwasser gereicht und eine solide, aber glatte Eiskante gebildet. Auf dieser Galerie, die nicht höher als 10 m über der Meeresfläche lag, schlugen wir jetzt unser seidenes Zelt auf. Aber ehe wir unsere Sachen in Sicherheit gebracht hatten, litten wir sehr vom Frost. Wir waren schon von den ersten Spritzwellen vollständig durchnäßt, und die Wassermassen, die sich über den Abhang wälzten, sandten unaufhörlich ihren weißen Schaum über uns. Wir zogen und zogen an den dünnen eisbedeckten Tauen, bis unsere Finger sich nicht mehr zu bewegen vermochten. Unsere Lage erschien hoffnungslos, und das Unwetter nahm jeden Augenblick an Heftigkeit zu.

Unsere Schlittenhunde standen oben auf der Eisgalerie eng aneinander gedrängt und heulten mit dem Sturm um die Wette. Sie schienen den Ernst der Lage zu verstehen. Wir hatten nicht einmal Zeit gefunden, ihnen die Geschirre abzunehmen. Bald waren wir alle mit Eis bedeckt, Menschen, Hunde, Schlitten, ja sogar unser Proviant, an allen Stücken hingen Eiszapfen. Unser Boot aus Segeltuch, das zusammengefaltet auf dem Abhang lag, war zu einem förmlichen Eissack eingekapselt.

Mit Hilfe von Skis und Stöcken und unsern schweren Schlitten errichteten wir unser kleines seidenes Zelt wieder auf dem höchsten Punkt des Abhangs. Wir legten zwei Schlafsäcke in das Zelt und versuchten, uns eine warme Mahlzeit zu bereiten; aber unser kleiner Kochapparat befand sich in einem so trostlosen Zustand, daß wir davon abstehen mußten und uns mit gefrorenen Sardellen begnügten. Zwei von uns waren in die Schlafsäcke gekrochen, die andern beiden mußten Wache halten, und so wechselten wir alle sechs Stunden ab. Der Sturm heulte die ganze Nacht hindurch. Die auf Posten Stehenden hatten nicht mehr als 4 m Platz, um sich hin und her zu bewegen. Hier schritten sie auf und nieder, auf und nieder, um sich wach zu halten. Die Kälte und das Spritzwasser, das unaufhörlich über uns dahinfegte, wirkten derartig lähmend, daß wir uns alle Mühe geben mußten, um nicht einzuschlafen. Wir froren, daß die Zähne klapperten. Savio, mit dem ich zusammen auf Wache ging, begann von Zeit zu Zeit geistliche Lieder zu singen, und unaufhörlich fragte er nach der Uhr, bis er schließlich in seinem Schlafsack umsank und im nächsten Augenblick fest eingeschlafen war.

Am Morgen war die Meeresbucht eisfrei, die Luft war grau und trübe und das Meer mit Schaum bedeckt, während die Windstöße, die vom Gebirge herniederkamen, ungeheure Windhosen bildeten. Einstweilen konnten wir an eine Erlösung aus unserer schweren Lage nicht denken.

Am nächsten Tage nachmittags sprang der Sturm glücklicherweise mehr östlich, und das Spritzwasser erreichte uns nicht mehr. Als der Wind am Abend sich weiter legte, war in der Bucht kein Eis mehr zu sehen, und bei dem klaren Mondschein mit hohem Barometerstand beschloß ich, Fougner und den Lappländer Savio mit dem Segeltuchboot auszusenden, das zwei Menschen tragen konnte, um das Lager aufzusuchen und möglicherweise Hilfe zu schaffen. Jedenfalls war auf diese Weise Aussicht vorhanden, daß zwei von uns gerettet würden. Sie nahmen Proviant und Ausrüstung mit, und wir verabschiedeten uns voneinander. Bernacchi und ich konnten lange die Ruderschläge des kleinen Fahrzeugs hören, das sich im Mondschein auf dem stillen Meer schaukelte. Schließlich verschwand es hinter einer kleinen Felsspitze, und wir suchten, allein mit unsern Gedanken, unsere Schlafsäcke auf; denn wir waren von der Arbeit und Anstrengung sehr ermüdet. Das Spiel der Brandung am Strande lullte uns bald in eine Art Schlaf ein.

Plötzlich war ich wieder wach, — weshalb, wußte ich in diesem Augenblick nicht. Der Grund war mir jedoch bald klar; es war die Stille, die mich geweckt hatte.

Die Wellen am Strande schienen auch müde zu sein, sie hatten ihre Arbeit getan.

Ich blickte zum Zelt hinaus. Das Eis war in die Meeresbucht getrieben, das heißt, eine Art Grütze von gemahlenem Eis, das zäh und unbeweglich dalag.

Ich weckte Bernacchi. Bald war er eben so wach wie ich. Wir dachten das mögliche Geschick Fougners und Savios in dem kleinen Segeltuchboot. Wahrscheinlich war das Boot von den Eismassen ergriffen, und dann war es auch wohl mit den beiden Insassen vorbei; denn das Segeltuch ertrug nicht viel. Das kleine Boot mit den beiden Männern würde unter der niedrigen Temperatur in Luft und Wasser bald mit Eis bedeckt und zum Sinken gebracht werden. Wir verbrachten jetzt zwei bange, traurige Tage auf dem kleinen Eisabhang. Die Gedanken suchten vergebens nach einem Ausweg. Vor uns lag der Ozean, hinter uns die lotrechte Felswand. Geduld schien der einzige Ausweg, wenn dem Segeltuchboot mit den beiden etwas zugestoßen war. Der Winter stand ja vor der Tür, und vermutlich würde die Meeresbucht sich wieder mit Eis bedecken; deshalb: Geduld und die äußerste Sparsamkeit mit dem Proviant!

Wir hatten inzwischen unsere Aufmerksamkeit auf die Eiswand gerichtet, die sich von unserer Galerie nördlich erstreckte und sich scheinbar um ein von einer steilen Basaltwand gebildetes Vorgebirge fortsetzte. Um einen weiteren Fernblick zu erhalten, fingen wir am nächsten Tage an, uns langsam über den steilen Abhang dadurch vorwärts zu arbeiten, daß wir mit unsern Beilen Stufen ins Eis schlugen. Nachdem wir uns mittelst dieser Stufen einige hundert Meter fortbewegt hatten, zeigten sich plötzlich zwei dunkle Punkte vor uns auf der nördlichen Spitze der Eiswand. Durch das Fernglas sahen wir bald, daß es Fougner und Savio waren, die in einer Höhe von 30 m über der Meeresfläche sich sehr langsam durch die Eisfläche vorwärts hackten.

Sobald wir ihrer ansichtig wurden, begannen wir mit allen Kräften Stufen ins Eis zu hauen, um uns einander zu nähern. Es ware eine langsame und beschwerliche Arbeit. Stufe um Stufe kamen die beiden dunklen Punkte dort drüben an der nördlichen Spitze uns näher. Wir mußten die äußerste Vorsicht anwenden, um nicht fehl zu treten und ins Meer zu stürzen.

Fougner und Savio waren sehr ermüdet, und nur mit großer Schwierigkeit setzten sie ihren gefährlichen Gang zu uns fort.

Schließlich nach vielstündiger Anstrengung erreichten wir unsere Kameraden, die sehr erschöpft waren. Nachdem wir uns aber alle einige Augenblicke, gegen die Felswand gelehnt, ausgeruht hatten, begannen wir die Rückreise zu dem Zelt, wobei wir die bereits gehackten Stufen benutzten, und bald saßen wir wieder alle vier in unserm kleinen Zelt auf dem schmalen isolierten Eisplateau.

Sie waren richtig in ihrem Boot vom Eise überrascht worden. Im letzten Augenblick hatten sie sich an einen kleinen Strand retten können, der dem glich, an dem wir in jener Nacht, als der Sturm uns den Rückzug abschnitt, beinahe unser Leben gelassen hätten. Zwei Tage hatten sie unter dem umgestürzten Segeltuchboote gelegen. Sie hatten etwas Proviant gerettet. Glücklicherweise fanden sie einen Seehund, den sie totschlugen und verspeisten, den Speck verbrannten sie als Feuerung. Ihr Dasein war aber in diesen Tagen kein beneidenswertes gewesen.

Von Schlaf konnte nicht die Rede sein. Sie krochen unter ihrem Segeltuchboot unaufhörlich aus und ein. Hinaus mußten sie jedesmal, wenn das kleine Speckfeuer zu erlöschen begann. Am Morgen hatten sie mit Hilfe des Eisbeiles, das ich ihnen vorsichtigerweise mit auf die Reise gegeben hatte, angefangen, Treppen in die südliche Eiswand zu schlagen, um wenn möglich von der andern Seite der steilen Landspitze zu uns zurückzukehren. Den ganzen Tag hatten sie gearbeitet, ohne daß sie es wagen durften, an dem kleinen Proviant zu rühren. Als die Dämmerung hereinbrach, waren sie noch nicht bis zur Felsspitze gelangt, hatten also noch nicht den dritten Teil bis zu meinem Zelt zurückgelegt und mußten jetzt wieder auf den gehauenen Stufen zurückklettern, auf und nieder an den alten wohlbekannten und schwierigen Stellen, bis sie wieder hungrig und erschöpft bei dem verloschenen Feuer am Segeltuchboot ankamen.

„Jetzt kommt die lange Nacht, — — — — jetzt kommt die lange Nacht," rief Savio mißmutig aus, und dann erkundigte er sich während der ganzen Nacht oft mehrmals in einer Stunde bei Sougner nach der Zeit.

Am nächsten Morgen spät, aber sobald die Dämmerung den kurzen Tag meldete, gelangten die beiden Männer mit Hilfe des Eisbeiles bis zu dem Punkte, wo sie am

Abend vorher ihre Arbeit beendigt hatten, und begannen wieder das langsame Tagewerk, indem sie eine Stufe nach der andern in die Eiswand schlugen. Langsam mit der äußersten Anstrengung näherten sie sich der Landspitze. Jeden Augenblick, wenn eine neue Aussicht sich um einen Felsblock eröffnete, mußten sie befürchten, daß sie auf das Ende der rettenden Eiswand stoßen würden. Ohne sie war aber kein weiteres Vordringen möglich. Dann gab es für sie keine Hilfe, nur noch einen elenden Tod.

Inzwischen hatten sie sich aber um die Felsspitze herumgearbeitet, von wo sie eine freie Aussicht hatten. In diesem Augenblick entdeckte ich sie durch das Fernglas. —

Nachdem sie fünfzehn Stunden ununterbrochen im Zelt geschlafen hatten und wieder etwas zu Kräften gekommen waren, erzählten sie uns, daß sie in der Felswand, an der sie ans Land geworfen waren, eine Stelle entdeckt hätten, wo wir möglicherweise mit Hilfe von Äxten und Seilen hinaufklettern könnten.

Wo wir waren, konnten wir nicht bleiben. Nach kurzer Beratung beschlossen wir, uns über den Eisabhang fortzuarbeiten, auf dem Fougner und Savio uns erreicht hatten.

Wir hatten uns mit einem Seil aneinander befestigt. Voran ging der Lappländer Savio, der sich bereits als tüchtiger Bergsteiger bewährt hatte, dann kam Fougner, darauf Bernacchi und schließlich ich.

Nach einer anstrengenden Arbeit erreichten wir Savios und Fougners Lagerplatz. Um dorthin zu gelangen, mußten wir bis zur Höhe von 20 m und dann wieder hinab bis zur Meeresbucht Stufen in das Eis schlagen.

Die Hunde versuchten uns zu folgen. Arme Tiere, treue Genossen! Auf dem spiegelglatten Abhang verloren sie den Halt. In ihrer Verzweiflung suchten sie wieder festen Fuß zu fassen, stürzten aber über die Eisklippen mit steigender Geschwindigkeit in das Meer hinab. Ihre Versuche, sich durch Schwimmen zu retten, waren bei der Kälte des Wassers vergeblich, und einer nach dem andern verschwand in dem zähen flüssigen Eisschlamme.

Nachdem wir uns auf dem Lagerplatz aus den Resten des Seehunds, dessen Fleisch Fougner und Savio vor dem Hungertode rettete, eine schnelle Mahlzeit bereitet hatten, untersuchten wir die Spalte in der Felswand. Dort stand eine Art Eissäule, die zum Felsen hinaufführte. Unter den Strahlen der Mitternachtssonne war die Wärme an den dunklen Klippen so groß gewesen, daß das Eis geschmolzen war und sich dort allmählich im Laufe der Zeit eine Eismasse gebildet hatte, welche die Spalte als ein fast lotrecht aufsteigender Eisweg ausfüllte. Glückte es uns, an dieser glatten schrägen Wand emporzuklettern, so mochten wir wohl über den Felsen auf das Plateau gelangen.

Wir begannen, uns mit dem Eisbeil einen Weg nach oben zu hacken. Es war eine Art Eisstiege, die wir schufen. Nach und nach, langsam und vorsichtig, kletterten wir, mit dem Seile zwischen uns, darauf empor. Wir arbeiteten uns noch einen überhängenden schwarzen Felsen hinauf, der aus der Eismauer hervorschaute, und wo wir hofften, einstweilen eine Ruhestätte zu finden.

Obgleich wir unsern Aufstieg eine Stunde nach Tagesanbruch begonnen hatten, waren wir zur Mittagszeit erst bis oben auf die Klippe gekommen. Hier fanden wir, was wir ersehnten, einen Ruheplatz. Der Aufstieg war recht anstrengend gewesen. Er war zeitweise so steil, daß der Kopf des einen die Füße des anderen berührte. Wäre einer von uns gefallen, so wären wir alle in die Tiefe hinabgestürzt und hätten das Schicksal unserer armen Hunde teilen müssen.

Somit waren wir einstweilen in Sicherheit, ein weiteres Vordringen schien aber unmöglich zu sein. Zu beiden Seiten war eine Steigung von 60 Grad, die gerade ins Meer hinabfiel. Dieser steile Abhang bestand aus einer ganz dünnen Eisschicht über einen glatten Felsen. Es war unmöglich, hier Stufen zu schlagen, und gerade hinauf konnten wir wegen des überhängenden Gesteins nicht gelangen.

Gegen Westen ragte indessen ein Felsstück empor, ähnlich dem, das über unserm Kopf hing. Es lag etwa zehn Meter von uns entfernt und etwas unter der Höhe, in der wir uns befanden. Scheinbar war es aber unmöglich, es über den steilen Eisabhang zu erreichen.

Der Lappe Savio erfaßte mit scharfem Auge sofort die Lage der Dinge, und kurz entschlossen war sein Plan fertig.

Wo wir standen, fehlte uns der feste Boden, um jemand mit dem Seil zu stützen, und wenn einer fiel, so mußten wir andern unfehlbar auch in den Abgrund stürzen. Alles dies hatte Savio sich durch den Kopf gehen lassen. Ehe ich Zeit fand, über die Ausführungen des Planes nachzudenken, hatte er sich vom Seil freigemacht und in einem kühnen Sprunge über den steilen Abhang die gegenüberliegende Seite erreicht.

Nur seiner großen Gewandtheit verdankte er es, daß er glücklich hinüber kam. Als er festen Boden unter den Füßen spürte, warf er sich flach auf die Erde und verbarg sein Antlitz in den Händen. Ich habe nie erfahren, was Savio in diesem Augenblick dachte.

Kurz darauf warfen wir ihm das Ende des Seils zu. Er befestigte es an einem kleineren Felsstück, und dann arbeitete erst Fougner und später Bernacchi sich zu ihm hinüber. Erst ich, der zuletzt kam, begriff vollauf die Gefahr, mit der Savios Sprung verknüpft war. Ich mußte ja in derselben Weise wie er laufen. Da ich aber das Seil um die Brust befestigt hatte, war das Wagnis für mich nur verhältnismäßig gering.

Von dem Felsen, auf dem wir jetzt waren, krochen wir noch ungefähr dreißig Meter in die Höhe und erreichten schließlich das schneefreie Gestein. Hier waren wir einigermaßen in Sicherheit, wir hatten aber noch ungefähr 1600 m zum Plateau hinauf, und da die Steigung zwischen 50—60 Grad schwenkte, war es schwierig, festen Fuß zu fassen, zumal der ganze Abhang mit losem Gestein bedeckt war. Es war eine anstrengende Arbeit; indessen kamen wir glücklich oben an, und am Rande des Plateaus weiter wandernd, erreichten wir Kap Adare.

Schließlich langten wir im Lager an, wo wir mit lautem

Jubel von unsern Freunden empfangen wurden. Von dem Augenblicke an, als das Eis aufbrach, waren sie unseres Geschickes wegen sehr in Sorge gewesen. Sie kannten die Schwierigkeiten, mit denen die Ersteigung der steilen Küste verknüpft war. Als das Eis ins Meer hineintrieb, großes schweres Geröll von der Küste mit sich führend, vermehrte sich ihre Besorgnis. Sie konnten nämlich die Steine auf dem Eise vom Lager aus durch das Fernglas sehen, hielten sie aber infolge der großen Entfernung für uns. Dazu kam, daß ein Teil der Hunde, die wir bei uns gehabt hatten, während des Sturmes in den See getrieben war. Auch sie wurden vom Lager aus durch das Glas bemerkt, während sie sich draußen auf den kleinen Eisschollen, auf denen sie trieben, unruhig und ängstlich hin und her bewegten.

Im Lager mußte man daher glauben, daß wir in den Ozean hinausgetrieben waren, wo wir sicher umgekommen wären.

Colbeck, der während meiner Abwesenheit das Kommando führte, hatte sofort versucht, das einzige noch übrig gebliebene Walboot flott zu machen, um uns zu Hilfe zu kommen. Das Meer war aber so bewegt, und es war so viel Eis in der Bucht, daß dies aufgegeben werden mußte.

Die Gefährten hatten uns somit bereits als verloren betrachtet; das Wiedersehen wurde daher ein besonders herzliches.

Leider fand ich bei meiner Rückkehr, daß es mit Hansons Gesundheit schlecht stand. Er hatte wenig Appetit, und seine Kräfte hatten abgenommen; dabei litt er sehr an Heimweh. Das taten wir ja alle gewissermaßen, Hanson und der Doktor aber am meisten.

Das Leben in den Hütten

Am 15. Mai erhielten wir den letzten Gruß von der Sonne, ehe sie verschwand. Der Winter stand jetzt vor uns, die Temperatur sank schnell, und die Kälte wurde empfindlich.

Der Schnee bedeckte bald vollständig den Eingang unserer Hütte, und wenn wir hinein wollten, mußten wir durch eine

Art Trichter im Schnee kriechen und erreichten so unsern unterirdischen Palast.

Unsere Schlittenhunde gruben sich in Schneeschanzen ein oder ließen sich einschneien. Gegen rauhes Wetter rollten sie sich gern mit dem Kopf und Schwanz zusammen und lagen ganz stille, bis der Schneeteppich sie vollständig zudeckte. Dann fingen sie an, sich etwas zu bewegen, um Raum zu bekommen, und hielt der Schneefall mehrere Tage an, so mußten wir sie oft ausgraben. Nicht selten kam es vor, daß wir einzelne Hunde längere Zeit vermißten, die wir später beim Ausgraben in den Schneeschanzen wiederfanden.

Die Hunde, die sich einschneien ließen, versorgten sich immer vor dem Ausbruch der Schneestürme mit dem nötigen Proviant und blieben ruhig in ihrem Schneeheim, um den anstrengenden und unbequemen Schlittentouren aus dem Wege zu gehen.

Im Winter wurden unsere Schlittenhunde bissig wie Wölfe. Solange sie genügend Seehundfleisch hatten, waren sie leicht zu regieren; nahm aber die Kälte zu und wurde das Futter knapp, so verschwand alle Freundschaft zwischen ihnen. Aber nicht immer war es der Stärkste, der in den Kämpfen um das tägliche Brot Sieger blieb.

Vollständig planmäßig schienen die Hunde einen ihrer Kameraden zum Tode zu verurteilen, und dieser Hund kannte zweifellos sein ihm bevorstehendes Schicksal. Er hielt sich möglichst in der Nähe unserer Hütten, und wenn sich ihm die Gelegenheit bot, so kroch er, den Schwanz zwischen den Beinen, in die Hütte und versteckte sich dort. Er wagte es nicht, an den bescheidenen Mahlzeiten teilzunehmen, die wir den Tieren aus Hundekuchen bereiteten. Er magerte sichtlich ab und wurde melancholisch, während der ganzen Zeit wurde er aber aufmerksam von den andern Hunden bewacht und verfolgt. Sobald sie ihn in seinem Versteck ausfindig gemacht hatten, setzte sich die ganze Gesellschaft in Bewegung, um ihn zu überfallen und ihm den Garaus zu machen.

Wehe dem Hunde, wenn er sich den Rückzug nicht offen hielt, und floh er vor ihnen, so begann ein wildes Rennen um Leben und Tod.

Fort ging es im Mondschein über die ungeheure Eisfläche, bis wir die ganze Horde nur noch als schwarze Punkte auf der weißen Decke sahen. Oder sie verschwanden im Dunkel, und wir hörten nur ihr fernes Geheul, bis es plötzlich stille wurde. Dann wußten wir, daß alles vorbei war. Wenn wir dann auf Skis mit der Peitsche und den Skistöcken die Stätte erreichten, waren von dem zum Tode verurteilten Kameraden nur noch die Knochen übrig geblieben.

Das Eigentümliche war, daß sich in der Zeit, wenn ein Hund auf diese Weise zur Nahrung ausgewählt zu sein schien, die übrigen Hunde gut untereinander vertrugen. Es war, als wenn sie im Bewußtsein ihrer bösen Pläne die Geheimhaltung der Verschwörung für nötig hielten.

Wir verloren auf diese Weise viele unserer besten und stärksten Schlittenhunde. —

Schon am 15. März hatten wir zum ersten Male das Südlicht gesehen. Das Licht war sehr stark und erstreckte sich in mächtigem Bogen bis zum Zenit hinauf. Die Farbe wechselte von weiß zu grün und gelb. Die Erscheinung dauerte eine Stunde, bald darauf wehte ein fürchterlicher Sturm mit einer Geschwindigkeit von 42 englischen Meilen in der Stunde.

Seitdem flackerte das merkwürdige Licht oft am Himmel, und auffallenderweise hatten wir fast ständig nach einem starken Südlicht stürmisches Wetter.

Am 23. Mai wieder: Starkes Südlicht, danach fürchterlicher Sturm!

Zur Mittagszeit sollte Evans das Thermometer in unserm kleinen Observatorium ablesen. Wohl eingehüllt und mit der Schneebrille versehen, arbeitete er sich durch den Schneetrichter durch, während er die Sturmlaterne vor sich hielt.

In dem Augenblick, als wir ihm die kleine Tür öffneten, sauste der Schnee durch den Trichter, und weg war Evans. Wir hatten uns aber vorher davon überzeugt, daß er sich an dem Tau festhielt, das wir zwischen den Hütten und dem Observatorium gezogen hatten.

Wie gewöhnlich in jenen Tagen, spielten wir nach Tisch unsere Partie Karten oder Schach, und die Lappländer saßen beisammen und unterhielten sich in ihrer eigenen Sprache. Wir waren an diesen täglichen Ausgang zum Ablesen des Thermometers selbst bei den fürchterlichsten Stürmen und an das Verschwinden des einen oder andern aus unserer kleinen Kolonie schon so gewöhnt, daß etwa 3 Stunden vergingen, bis wir Evans vermißten.

Da fiel uns plötzlich ein, daß die Zeit für eine neue Ablesung des Thermometers gekommen war.

Nachdem wir Evans erst in seiner Kabine gesucht und nicht gefunden hatten, beeilten wir uns, unsere Sturm= kleider anzuziehen. Der Doktor war der einzige, der in der Hütte zurückblieb, da wir annahmen, daß wir Evans in dem vernichtenden Sturm halb erfroren und in einer solchen Verfassung finden würden, daß er nach seiner Rück= kehr ins Lager der sofortigen ärztlichen Behandlung be= dürfe. Warmes Wasser wurde von geschmolzenem Schnee gemacht, und die Medikamente wurden bereitgestellt.

Einer nach dem andern verschwanden wir im Sturm aus der Tür, um uns am Ende des Trichters paarweise zusammenzufinden. Wir faßten uns an den Händen und begaben uns zu zwei und zwei nach einem von mir vor= geschlagenen Plan auf die Suche nach dem Vermißten.

Es war fast unmöglich, sich zu bewegen; selbst mit einem Tuch vor Nase und Mund konnten wir in dem Sturm kaum atmen. Wir mußten auf allen vieren kriechen, und wenn wir über die kleinen Lagunen gingen, die auf der Spitze unserer Halbinsel lagen und mit Eis bedeckt waren, so glitten wir Hand in Hand willenlos über die Oberfläche hin, ohne uns aber gegenseitig im Schneewehen und bei der Finsternis sehen zu können. Dazu kam, daß die Temperatur sehr niedrig war. Wir suchten und suchten, — ohne Erfolg. Kleine Steine und Schnee füllten die Luft in gleicher Mischung. Wir stolperten und glitten aus, kletterten an den Anhöhen hinauf und wurden von der Halbinsel auf das Eis in der Bucht geweht, zerschlugen uns, bis das Blut durch die Handschuhe rann, und arbeiteten uns auf allen vieren wieder hinauf, während wir uns im Dunkeln, so gut es ging, vorwärts tasteten. Das Rufen hatte keinen Zweck, da wir ja nicht einmal zwei und zwei miteinander sprechen konnten.

Ich begann Evans' wegen besorgt zu werden.

Wir selbst wußten nur sehr selten, wo wir uns befanden, und konnten nur mutmaßen, wo die Hütten unter dem Schnee begraben waren.

Während Hanson und ich zusammengingen und im Dunkel umhersuchten, stolperten wir plötzlich über eine Hundehütte, die am Eingang unserer Hütte verankert lag. Sofort wußten wir, wo wir waren. Als ich mich vorwärts tastete, berührte ich einen lebenden Gegenstand. Anfänglich glaubte ich, daß es ein Hund sei. Bald fühlte ich aber, daß ich den Fuß eines Mannes in der Hand hatte.

Es war der Lappe Savio.

Ich hielt ihm vor, daß es doch im höchsten Grade unkameradschaftlich sei, sich hier in der Hundehütte zu verkriechen, während wir andern nach dem wahrscheinlich in Lebensgefahr schwebenden Evans suchten.

Er wandte daraufhin ein, daß wir von ihm, der nur halb so groß und schwer als Evans sei, doch nicht erwarten dürften, daß er sich einer solchen Gefahr aussetze. Wenn der Wind Evans von dem antarktischen Festlande fortgeweht hätte, so sei es doch ganz sicher, daß er bei seinem Gewicht der Stärke des Sturmes nicht gewachsen sei. — Es war die Denkart eines Naturkindes.

Mehrmals trafen sich einzelne Paare der Suchenden in der Hütte, wenn der Zufall sie über den Trichter im Schnee führte. Nachdem sie sich etwas gewärmt und davon überzeugt hatten, daß Evans noch nicht gefunden war, begaben sie sich wieder in das fürchterliche Wetter hinaus und setzten das Suchen fort. Aus den verschiedenen Berichten ersah ich, daß außer einem kleinen Teile am Abhang nördlich von der Hütte die ganze Halbinsel abgesucht war. Deshalb veranlaßte ich den Lappländer Must und Fougner, sich dorthin zu begeben. Ich nahm an, daß Evans sich möglicherweise auf dem Rückwege vom Observatorium dorthin verirrt habe. Jedenfalls wußte ich, daß er, um die Hütte zu erreichen, gegen den Wind angehen würde, und aus meinen persönlichen Erfahrungen, die ich in den australischen Urwäldern gesammelt hatte, schloß ich, daß Evans, wie so viele andere vor ihm, links von dem Punkt, den er suchte, abgewichen sei.

Mit dieser Theorie vor Augen fanden Fougner und Must bei der Durchsuchung dieses einzigen bis dahin noch nicht abgestreiften Teils der Halbinsel den vermißten Evans unmittelbar unter der Felswand auf einer kleinen Anhöhe.

Da stand er erfroren und ratlos. Stundenlang war er kreuz und quer umhergeirrt. Einmal war er auf seinem Wege dem Thermometerbehälter begegnet und hatte die Richtung nach der Hütte eingeschlagen, war aber auch diesmal links abgebogen und hatte sie nicht gefunden. Schließlich hatte er, gänzlich ermattet, fast jede Hoffnung, die Hütte zu finden, aufgegeben; es war die höchste Zeit, daß Hilfe kam.

Als er durch den Trichter in die Hütte hinabgelassen wurde, nahm der Doktor ihn in Empfang.

Er litt an starkem Erbrechen und hatte Schüttelfrost. Am nächsten Tage war Evans wieder einigermaßen frisch; aber Hanson war nach den Anstrengungen, denen er sich beim Suchen ausgesetzt hatte, noch elender als vorher. —

Am 1. Juni meldeten die Lappländer, daß die Expedition einen Zuwachs von 16 neuen Mitgliedern bekommen habe. Es waren 16 junge Hunde, die sich in ihrer kalten Umgebung lustig und munter tummelten und mit ihrem eisigen Heim zufrieden zu sein schienen. Die Mütter aber waren außerordentlich bissig den anderen Hunden gegenüber, die auf die erste beste Gelegenheit warteten, die kleinen zu verspeisen.

In Veranlassung der Ankunft der neuen Mitglieder fand große Festtafel statt.

Am 3. Juni ungefähr 10 Uhr nachmittags wurden wir

wieder durch den herrlichen Anblick des Südlichts entzückt. Diesmal war Aurora schöner als je zuvor.

Anfangs spielte sie in kleinen Flammen in Nord, bald aber wurde die Farbenpracht lebhafter, und prächtige Strahlen wogten in schnellem und eigenartigem Farbenwechsel gegen den Zenit empor.

Zuerst war das Licht fast weiß, wurde aber mit seiner Zunahme röter. Beim Zenit erreichte es seine größte Stärke. Gewaltige Gardinen von blendendem und wechselndem Licht schienen sich wie in einem leichten Wind zu bewegen.

Große Wolken von rosarotem und rotem Licht fielen plötzlich schnell gegen die Erde nieder, so schnell, daß es dem Auge nicht möglich war, ihrer Bahn zu folgen, und so blendend war das Licht, daß es, als die Erscheinung vorbei war, noch klar vor unsern Pupillen stand, selbst wenn wir die Augen schlossen.

Einmal sammelten sich die Strahlen nahe Zenit und bildeten einen zusammenhängenden Ring von tiefen roten Farben. Dieser Ring bewegte sich in Wellen schnell umher.

Irgend einen Laut vernahmen wir nicht.

Die eigenartige Erscheinung starb nach einer Stunde hin. Am nächsten Tage hatten wir einen Orkan. Das Thermometer zeigte — 35 Grad Celsius.

Am 14. Juni morgens 6 Uhr erstieg ich die Spitze von Kap Adare, um den Thermographen zu holen.

Es herrschte vollständige Dunkelheit. Ich hätte ebensogut um Mitternacht gehen können, da zwischen Tag und Nacht kein Unterschied war. Mit großer Mühe bestieg ich die steilen Felsen. Die Temperatur war sehr niedrig, und während des Aufstieges hatte ich verschiedene Anfälle von Erbrechen. Indessen glückte es mir, bis zu dem Instrument vorzudringen. Ich packte es in meinen Rucksack und beeilte mich dann, ins Lager zurückzukommen.

Kaum war ich an dem Trichter der Hütte angelangt, als der Südpol wieder seinen Blasebalg öffnete, und einen **Augenblick** darauf wehte es so stark und mit einem so dicken Schneetreiben, daß es unmöglich war, unser Observatorium zu erreichen, ohne sich an dem Seil festzuhalten.

Evans und Bernacchi versuchten später am Tage hinüber zu gehen, kamen aber auf allen vieren kriechend, vollständig ermattet und verfroren zurück. Bernacchis eine Hand war wie ein Stück Eis, weiß und hart. Der Doktor meinte anfänglich, daß er gezwungen sein würde, die Hand zu amputieren (abzunehmen); er fürchtete, daß nach dem Auftauen kalter Brand entstehen könne. Bernacchi bat aber eifrig für seine erfrorene Hand, und der Doktor wagte es, sie auf ihrem Platz zu lassen. In die Hütte aber durfte Bernacchi nicht kommen.

Der Doktor nahm ihn in dem kalten überdachten Raum zwischen den Hütten in ärztliche Behandlung. Er rieb die erfrorene Hand fortwährend mit Schnee und hielt sie längere Zeit in eiskaltes Wasser. Nach und nach setzte sich eine Eiskruste auf die Teile der Hand, die nicht geknetet wurden. Allmählich begann das Blut wieder zu zirkulieren; es dauerte indessen lange, bis Bernacchi seine Hand wieder gebrauchen konnte.

Der Sturm dauerte bis zum 15. Juni.

Bei solchem Wetter erschien uns das Leben in unserm kleinen Raum fast unerträglich.

Wir hatten weder Luft noch Bewegung noch Licht. Es war, als säßen wir da und sähen uns selbst alt werden. Das Haar des Doktors war ganz weiß geworden, und dabei war er ein Mann von kaum 30 Jahren. Er war immer schlechter Laune. Vielleicht drückte ihn auch die Sorge um den Zustand der andern. Als Arzt sah er ja die Veränderung der Mitglieder schneller, als sie es selbst taten.

Die Lieder der Musikdose kannten wir zur Genüge; ihr ganzes Repertoire war ausgespielt, und wenn einzelne Mitglieder die eine Melodie vorzogen, so hatten andere Mitglieder wieder eine andere Auffassung, und was den einen belustigte, langweilte und ärgerte den andern.

Dann folgten gewöhnlich lange Auseinandersetzungen und Streitigkeiten, die im Grunde unsere beste Unterhaltung

bildeten. Ich weiß nicht, wie wir die lange Polarnacht
überstanden hätten, wenn nicht derartige kleine Kriege ge=
führt worden wären. Das Dunkel und die Eintönigkeit
bedrückten unsern Sinn. Die Stille donnerte bisweilen in
unseren Ohren, jede Unterbrechung in der fürchterlichen
Einsamkeit und Öde war eine Erleichterung. Der Doktor
und ich spielten Schach miteinander, wenn wir nicht gerade
unsere ausgezeichnete Bibliothek benutzten. Die andern
spielten Karten oder Schach. Die Lappen vergnügten sich
oft mit einem „Sakko" genannten Spiel, einer Art Schach
mit kleinen geschnitzten Holzfiguren, die Zelte, Kirchen,
Lappländerinnen und Lappen vorstellten.

Wenn ein Glas Grog auf dem Tische stand, hatten wir
manchen gemütlichen Abend. Ich halte die Verwendung von
Spirituosen auf Schlittentouren für höchst verwerflich. Nur
scheinbar wird man wärmer und kräftiger. Wenn die an=
regende Wirkung vorüber ist, wird man schlaff und wider=
steht dem Einfluß der Kälte schwerer.

Aber im Hauptlager, wo jeder warm werden konnte,
wirkte der Wein wie wohltuende Medizin auf die Stim=
mung. —

Eines Tages erschienen die Lappländer sehr entzückt in
der Hütte mit unserm Hunde „Chapras", der lange Zeit
verschwunden war.

Ja, er war es in der Tat! Chapras war zwei Monate
weg gewesen! Zuletzt sahen wir ihn, wie er auf einer kleinen
Eisscholle, als das Eis während eines starken Sturmes auf=
brach, in das Meer hinaustrieb.

Damals hielten wir ihn für rettungslos verloren. Jetzt
stand er munter, lebendig, von den Lappländern geliebkost,
vor uns.

Ganz rein und weiß war er, und was uns am meisten
auffiel, war seine Wohlgenährtheit. Wo war er gewesen,
wovon hatte er während dieser Zeit gelebt? Das eine war
mir klar, nämlich, daß er sich von Pinguinen ernährt haben
mußte. Um einen Seehund zu töten, wären mindestens
drei Hunde nötig gewesen.

Er brachte denn auch in der Tat eine wichtige zoologische
Mitteilung mit. Er war jedenfalls dort gewesen, wo die
Pinguine sich zur Winterszeit aufhielten, und das konnte nur
an der Wasserkante, an dem äußersten Ende des Eisgürtels
sein. Also war das offene Wasser nicht weiter vom Kap
Adare entfernt, als daß der Hund in einigen wenigen
Tagen von dort aus unser Lager erreichen konnte.

Natürlich hatte er im Laufe der beiden Monate ver=
schiedentlich den Versuch gemacht, uns aufzufinden. Von dem
Augenblicke an, als die kleine Eisscholle, auf der er ins
Meer hinaustrieb, an der großen Fläche festfror, war er
sicher bestrebt gewesen, sich zu seinen Kameraden zurück=
zuretten. Der Nahrung wegen hatte er aber immer wieder
nach der Eiskante am offenen Wasser, wo die Pinguine
waren, zurück gemußt.

Am 3. Juli stieg die Temperatur plötzlich bis 0 Grad.
In der folgenden Nacht hätten wir beinahe alles, was wir
besaßen, verloren.

Wir hatten uns frühzeitig zur Ruhe gelegt; wie gewöhn=
lich lasen einige der Mitglieder noch, und nach und nach
schlief einer nach dem andern ein. Um Mitternacht erwachte
ich plötzlich; ich war nahe daran, im Rauch zu ersticken,
und die Flammen eines starken Feuers züngelten von der
Seite, an der Colbeck lag, zu mir empor. Mit einem Satz
war ich aus der kleinen Öffnung meiner Kabine und sah,
als ich draußen war, Colbeck damit beschäftigt, das erste
beste Eiswasser, das er zur Hand hatte, auf seine in Flammen
stehenden Betten zu gießen.

Er war bei einem brennenden Talglicht, das er, um zu
lesen, neben seinem Bett stehen hatte, eingeschlafen. Es
war umgefallen, und das Feuer hatte sich schnell verbreitet.
Das ganze Dach brannte schon. Colbeck versuchte in seiner
Bestürzung das Feuer allein zu löschen, es gelang ihm aber
nicht, und bald waren alle Mann auf den Beinen, jeder
mit seiner Decke, womit wir die Flammen schließlich er=
stickten. Es dauerte aber lange, bis wir Herr des Feuers
wurden.

Ein Glück war es, daß wir in der Hütte so wenig
Luft hatten, so daß uns selbst das Atemholen schwer wurde.
Hätte das Feuer mehr Luftzug gehabt, so hätten wir sicher
alles verloren und wären in die schlimmste Notlage ge=
kommen.

Am folgenden Tage richteten wir ein Proviantdepot
unter der Felswand östlich von unserm Lager ein. Hier=
hin schafften wir auch einige Zelte, Brennholz, Pulver, so
daß wir, wenn ein Feuer unser Hauptlager vernichten
sollte, nicht aller Mittel entblößt waren. Außerdem ordnete
ich an, daß immer zehn wohlgefüllte Rucksäcke an bestimmten
Stellen am Haupteingang des Wohnhauses hingen.

Jeder dieser Rucksäcke enthielt außer Nahrungsmitteln
Streichhölzer und andere Gegenstände, die man sonst leicht
in der Eile vergessen konnte.

Eine Gletscherwanderung

Im Juli führten wir mehrere Schlittenfahrten in der
Robertson=Bucht aus. Auf einer derselben entdeckte
ich, am 31. Juli, im Innern der Bucht eine Insel,
die ich Herzog von York=Insel nannte. Die Insel er=
streckte sich bis zu einer Höhe von 650 m und bestand aus
graugrünem Schiefer, der von zahlreichen Quarzadern und
hier und da von Eisenpyrit durchzogen wurde.

Von der Insel aus konnten wir weit in das nahe Fest=
land sehen, wo sich eine unendliche Menge von Bergspitzen
und Gletschern zeigte, Bergspitzen, die eine Höhe von 4000 m
erreichten und von ungeheuren Gletschern umgeben waren.
Die ganze Küste zeigte zwischen steilen Felsen unzählige
Gletscher, die wie große weiße Flüsse dahinlaufen und in
der Ferne wie die prächtigsten und geradesten Landwege
erscheinen. Beim Näherkommen sehen wir aber die fürchter=
lichsten steilen Abhänge, über die sie sich ins Meer stürzten.

Wir bauten auf der Insel eine kleine steinerne Hütte,
um von hier aus Expeditionen, besonders zur Erforschung
des Admiralitätsgebirges, unternehmen zu können.

Der große Gletscher, der westlich von der York=Insel

ins Meer lief, und den ich nach einem englischen Freunde „Dugdale-Gletscher" nannte, bot viel Interessantes. Ich stellte Untersuchungen über die Bewegungsgeschwindigkeit des Gletschers und über die Entstehung der Eisberge an.

Ich bin oft gefragt worden, wie die antarktischen Gletscher „kalben", wie die Eismassen sich zu selbständigen Eisbergen trennen. Und ob dies dadurch geschieht, daß die Eiszunge des Gletschers nach dem Sturz ins Meer von ihrer eigenen Schwere gebrochen wird, oder ob die Eiskolosse schon beim Absturz oben im Festlande gebrochen werden und dann ins Meer fallen.

Auf diese Fragen muß ich antworten, daß das „Kalben" bei den verschiedenen Gletschern verschieden stattfindet. Aus meinen eigenen Untersuchungen schließe ich, daß hier das Kalben in folgender Weise vor sich geht: Der Eisgletscher stößt unter dem starken Winkel, in dem er das Meer trifft, derartig auf den Meeresboden, daß die Eiszunge abgebrochen wird, der entstandene Eisberg hebt sich vom Meeresboden und taucht auf. —

Als wir unsere nächste Umgebung untersucht und uns eine sehr wertvolle zoologische Sammlung gesichert hatten, beschloß ich eine Schlittenexpedition nach dem dunklen Gebirgsrücken uns gegenüber zu unternehmen.

In der Ferne sah das Gebirge wie ein ungeheurer Schneepflug aus, der die beiden mächtigen Gletscher, den Murray-Gletscher im Osten und den Dugdale-Gletscher gegen Westen trennte. Die Gletscher liefen vor der Spitze des Pfluges zusammen (vergleiche die Karte!) und bildeten eine ungeheure zusammenhängende Fläche, die sich fortsetzte, bis sie die Westseite der Norkinsel traf. Die hohe feste Küste verhinderte den vollen Auslauf der Gletscher ins Meer hinein und bewirkte, daß die riesigen Eismassen sich sammelten. Hier herrschte ein fürchterlicher Druck, so daß das Eis sich in Höhen und Tälern hob und senkte. Nach beiden Seiten der Insel erhielt das hochgetürmte „Eismeer" dann freien Auslauf, wo sich neue Gletscher bildeten, die mit ungeheuren Spalten ins Polarmeer stürzten.

45

Das große, dunkle, von den Gletschern umschlossene Land nannte ich G e i k i e = L a n d, nach dem schottischen Geologen Geikie. Von der Norkinsel aus schien das Land ganz nahe zu sein; es stellte sich aber heraus, daß es ungefähr

6 Meilen von der Insel entfernt lag. Der Gebirgsrücken selbst war etwas über 1000 m hoch.

Unser erster Ausflug von der Hütte der Norkinsel galt dann auch diesem Lande. Wir erreichten es nach einer sehr leichten Schlittenreise über ebenes Eis. Als wir aber in die Nähe des Landes kamen, wurden wir von einer Menge großer, tiefer, blauer Spalten aufgehalten, die fast ohne Boden und völlig unüberschreitbar erschienen.

Es wurde jetzt sehr schwer, vorwärts zu kommen. Alle fielen wir mehrmals in die blauen Spalten, die sich plötzlich unter den trügerischen, sie scheinbar sicher bedeckenden weißen „Falltüren" des Schnees zeigten. Mit einem festen Seil zwischen uns bewahrten wir uns gegenseitig vor dem Absturz, und schließlich erreichten wir eine mehrere Meilen lange, ungefähr 10 m breite aus Gestein und Kies bestehende Zunge — eine Mittelmoräne, die auf der Stelle gebildet war, wo Murray- und Dugdale-Gletscher zusammentrafen.

Je mehr wir uns jetzt den 1000 m hohen, dunklen Felsen näherten, desto unebener wurde die Eisdecke, desto mehr Risse öffneten sich vor unsern Füßen, und wir mußten mit der größten Vorsicht zu Werke gehen. Schwere Kiesansammlungen und zahlreiche Wandersteine bezeichneten die letzte halbe Meile zwischen uns und dem neuen Lande. Obgleich wir uns noch auf dem Gletscher befanden, hatten wir doch ausschließlich Kies und Steine unter unseren Schlittenkufen.

Wir mußten das meiste unserer Ausrüstung zurücklassen und konnten zur Zeit immer nur einen Schlitten über die Moränen auf den Felsen bringen.

Wir untersuchten das Geikieland bis zu einer Höhe von 1000 m, stellten fest, daß es teilweise aus Basalt und teilweise aus Schiefer bestand, und fanden in der genannten Höhe Vegetation, die allerdings in einer ganz niedrigen Art (Renntierflechte) bestand. Wir fanden auch in den zahlreichen Höhlen des Gesteins Federn und Eierschalen, ein deutliches Zeichen dafür, daß sich uns hier im Frühjahr ein vorzügliches Material für eingehendere Studien bieten würde.

In den folgenden Tagen drangen wir über die gewaltigen Gletscher vor, kreuzten die zahlreichen blauen Spalten und arbeiteten uns an den Abhängen empor, während die mächtigen Bergspitzen, je näher wir kamen, förmlich über uns zu wachsen schienen. Immer weiter — immer bergauf — trotzdem schienen die leuchtenden Kuppen der Sabinespitze immer in gleicher Entfernung zu uns herüber.

Als wir eines Tages einen sehr großen Gletscher kreuzten, vermißten wir plötzlich den Lappen Must, der dem letzten Schlitten in der Reihe gefolgt war.

Das Gletschereis war eben und ohne besonders große Spalten gewesen, und wir hatten uns deshalb von dem Seil freigemacht, das uns verband, in hohem Grade aber unsere Bewegungen hemmte.

Sobald wir den Verlust des treuen Begleiters bemerkten, machten wir Halt, und ich sandte den Lappen Savio zurück um ihn zu suchen. Es zeigte sich, daß Must einen der vielen jungen Hunde, die immer unserer Karawane folgten, verloren hatte und ohne weiteres umgekehrt war, um sich nach ihm umzusehen. Weit unten auf dem Gletscher, auf dem wir uns befanden, entdeckte ich durch das Fernglas einige Hunde nebeneinander, von Must war aber nichts zu sehen. Da die Stelle, wo ich die Hunde sah, kreuz und quer von blauen Spalten durchzogen war, wurde ich um Musts Schicksal besorgt, und meine Unruhe wuchs, als ich jetzt auch den Lappen Savio plötzlich zwischen den blauen Spalten verschwinden sah.

Ich sandte zwei Mann auf Skis aus, um wenn möglich Hilfe zu bringen und zu erforschen, was dort los war.

In wilder Eile liefen diese mit einer solchen Geschwindigkeit den Gletscher hinab, daß ihnen etwaige Spalten, soweit sie quer zum Kurse lagen, kaum ein Hindernis geboten hätten.

Kleiner und kleiner wurden die Skiläufer, bis sie sich nur noch wie kleine schwarze Punkte zwischen den Hunden von dem Eise abhoben.

Eine Stunde später langten beide Lappen und die zur Hilfe Abgesandten keuchend wieder bei den Schlitten an.

Die Lappen hatten ihre Röcke ausgezogen, und die Hitze ihres Körpers stieg in einem förmlichen Dampf in die kalte Luft empor.

Es hatte sich folgendes ereignet:

Muft hatte lange vergeblich nach einem jungen Hunde gefucht, der ihm befonders am Herzen lag, bis er ein fchwaches Winfeln von unten aus der Tiefe hörte.

Mit Hilfe der andern lofen Hunde, die er bei fich hatte, fand er fchließlich die Spalte, aus der die klagenden Laute des Tieres kamen, er konnte den verunglückten Hund aber nicht fehen. Erft als er in die Öffnung kroch, wurde er feiner gewahr. Er ftand ungefähr 8 m tief auf einem kleinen Abfatz in der Spalte. Alle Verfuche, des Tieres habhaft zu werden, mißlangen.

Als Savio dann hinzukam, ftedkten die beiden Lappen die Köpfe zufammen und fannen einen guten Plan aus, den fie zur Ausführung brachten. Sie zogen ihre Röcke aus und banden ihre ftarken Gürtel zufammen. Das eine Ende befeftigte Savio an Mufts Beinkleiderriemen, ftreckte feine kurzen Beine über den Abgrund und ließ Muft an die Stelle hinab, wo der Hund ftand und heulte; darauf holte Savio fie beide zu fich herauf.

Die beiden Lappen blickten ftolz und glücklich drein, als fie mit dem jungen Hund auf dem Arm bei uns anlangten. Es war überhaupt rührend, mit welcher Aufopferung die Lappen für die Hunde forgten. Dies war nicht das erftemal, daß fie ihr Leben für einen Hund wagten. —

Ich hatte es den Gefährten verboten, fich allein auf den gefährlichen Gletfchern zu bewegen. So oft hatte das Seil uns vom Untergang gerettet, daß wir uns allmählich an diefen Zwang gewöhnten, und fchließlich fand fich jeder in feine Rolle als abhängiges Glied diefer fich durch die blauen Spalten hindurchfchlingenden Kette von Menfchen, Hunden und Schlitten.

Die Lappen waren am fchwierigften an das Seil zu gewöhnen, und Savio hätte einmal feine Unvorfichtigkeit beinahe mit dem Leben büßen müffen. Savio war nämlich eines Sonntags, während wir andern von einem anftrengenden Tagesmarfch ausruhten, allein von der fteinernen Hütte auf der Norkinfel zum Dugdale=Gletfcher hinausgewandert. Er hatte den Hund Lars bei fich. Unglücklicherweife war am Tage vorher wieder viel Schnee gefallen, der den Verkehr auf dem Gletscher doppelt gefährlich machte. Savio verließ die Hütte früh am Morgen und kam vor Mitternacht nicht wieder nach Hause. Ich war noch auf und wartete auf ihn, da ich mich über sein Ausbleiben beunruhigte.

In demselben Augenblick, als Savio an das Licht des Speckfeuers in der Hütte trat, wußte ich, daß ihm etwas Besonderes zugestoßen war. Ich wußte aber auch aus Erfahrung, wie wenig mitteilsam die Lappen in bezug auf ihre Erlebnisse sind, und daß man nur die entgegengesetzte Wirkung erreicht, wenn man sie zum Erzählen ermuntert. Ich war deshalb sehr wortkarg und fragte nicht. Savio erschien mir ungewöhnlich blaß, er hustete und faßte sich von Zeit zu Zeit an die Brust, als wenn sie schmerze. Erst nach und nach bekam ich aus ihm heraus, was sich ereignet hatte.

Er war am Morgen über die ungeheuren Flächen des Gletschers gewandert. Vorsichtig war er den blauen Spalten aus dem Wege gegangen. Plötzlich hatte er aber den Halt unter den Füßen verloren — der weiße Schnee unter ihm barst, und er stürzte kopfüber in eine tiefe Gletscherspalte.

„Ich glaubte, daß es jetzt vorbei sei," sagte Savio, „und ich wurde meiner Sache sicher, als ich 20 m unter der Oberfläche des Gletschers festsaß. Ich stand auf dem Kopf, die Schultern zwischen den Eiswänden der Spalte fest eingekeilt, die gerade an der Stelle, wo ich festsaß, so eng zusammenliefen, daß ich einstweilen nicht weiter stürzen konnte. Der dicke Pelzrock hatte den schlimmsten Stoß abgehalten, sonst hätte ich mir beim Fallen wahrscheinlich das eine oder andere Glied meines Körpers gebrochen.

Unmittelbar rechts neben mir trennten die Eiswände sich wieder bis zu einer Breite von $1^{3}/_{4}$ m, und noch tiefer unten öffnete sich eine finstere Schlucht, die schließlich in die „schwarze Nacht" überging. Wäre ich nur einen Fuß mehr nach rechts gefallen, so hätte ich meine Reise in die Finsternis — Gott weiß wie weit — fortgesetzt.

Am Kopfe hatte ich mich nicht geschlagen, fühlte aber beim Druck Schmerzen in der Brust.

Langsam und vorsichtig versuchte ich jetzt, mich herumzudrehen. Links von der Stelle, wo ich mich befand, war die Öffnung zwischen den Eiswänden noch schmal genug, um mir einen oder zwei Fuß Stütze zu geben, dann öffnete sich aber auch hier ein breiter, blauer, in die Tiefe führender Abgrund. Es glückte mir indessen, aus meiner Einzwängung freizukommen und den Kopf wieder aufzurichten, und, indem ich die Füße gegen die eine Gletscherwand und den Rücken gegen die andere stützte, gelangte ich in eine hockende Stellung.

Ich war ganz von dem blauen Eis umgeben; das Tageslicht sah ich nicht, da die Eiswände ungefähr 3 m über meinem Kopf eine Biegung machten und damit die obere Öffnung der Spalte meinen Augen verbargen. Nur ein nebliger, blauer Schimmer drang zu mir herab. Ich wußte nicht, wie tief ich abgestürzt war, hörte aber den Hund Lars über mir aus allen Kräften heulen und schloß daraus, daß ich in eine bedeutende Tiefe gefallen sein mußte.

Als die Besinnung zurückkehrte, machte ich mir klar, daß an Rettung nicht zu denken war. Die Eiswände waren glatt wie geschliffenes Glas. Das einzige, was mir übrig blieb, war: um Hilfe zu rufen, — und ich rief stundenlang. Der Laut schien aber in der Spalte hängen zu bleiben und hier zu verhallen.

Eine Zeitlang beantwortete Lars mein Rufen, dann wurde es aber plötzlich still, still wie im Grabe.

Ich rief eine Stunde nach der anderen, und mit jedem Ruf wurde ich heiserer und heiserer.

Obgleich ich in meinem Pelz warm gekleidet war, begann ich schließlich doch zu frieren. Die wunderbarsten Gedanken wanderten in meinem Kopf umher.

Wie lange war ich wohl imstande, es hier unten auszuhalten? Meine Beine fingen in meiner ungewöhnlichen Stellung an, steif zu werden, und ich mußte ihre Lage von Zeit zu Zeit verändern. Als ich über alles nachgedacht, alles um mich her untersucht und mir meine hoffnungslose Lage klar gemacht hatte, rief ich wieder eine Zeitlang, bis ich nicht mehr konnte. Dann untersuchte ich meine Taschen, um wenn möglich einen Speiserest zu finden. Zuerst fand ich eine Zigarette, dann tauchte dieses Messer in meiner Tasche auf.

(Es war eins der großen Messer, die ich vor der Abreise von Norwegen jedem Mitglied mitgegeben hatte.)

Das Messer rüttelte mich auf. Ich begann mit dem Messer kleine Löcher in die eine Eiswand zu schlagen. In diese Löcher steckte ich die Spitzen meiner Schuhe, dann hob ich mich mit dem Rücken an der andern Eiswand in die Höhe und kroch so zwischen den glatten Eiswänden der blauen Spalte empor.

Meine Hauptsorge bestand darin, daß ich das Messer zerbrechen könne. Hätte ich das Blatt zerbrochen, so wäre es um mich geschehen gewesen.

Es war eine schwere Arbeit. Stellenweise war die Kluft so breit, daß ich mich nur mit der äußersten Schwierigkeit zwischen den Eiswänden festzuhalten und emporzuziehen vermochte. Schließlich wurde ich so müde, daß ich mehrmals kurz davor war, mich fallen zu lassen, um somit dem Ganzen ein Ende zu machen. Als ich bis etwa 2 m von der Öffnung der Spalte gekommen war und mich schon als gerettet betrachtete, befiel mich eine Art Krampf, und auf ein Haar wäre ich wieder hinabgestürzt.

Halb besinnungslos erreichte ich den Rand und gelangte auf die Oberfläche des Gletschers, wo ich liegen blieb.

Wie lange ich dort lag, weiß ich nicht; als ich aber erwachte, war es Nacht, und die Sterne funkelten. Der Hund Lars stand über mir und leckte mir das Gesicht.

Ja, ich bin dem Tode nahe gewesen," schloß Savio seinen Bericht und zündete sich den Rest seiner Zigarette an, die er unten in der Tiefe seiner Tasche gefunden hatte.

Der Übergang vom Tragischen zum Komischen kam so plötzlich und unerwartet, daß ich in ein so lautes und anhaltendes Lachen ausbrach, daß schließlich die Schlafsäcke um uns her sich zu rühren begannen und neugierige Gesichter zum Vorschein kamen, die alle Savios Geschichte noch einmal hören wollten.

Savio hatte sich in seinen Erzählungen immer als zuverlässig erwiesen, und er übertrieb selten. Wir glaubten aber doch, daß er diesmal den Mund in betreff der Tiefe, in die er gefallen sein wollte, etwas zu voll genommen hatte.

Der Arzt untersuchte Savios Brust und Glieder. Savio war aber vom Speckrauch so schwarz, daß die blutunterlaufenen und blauen Stellen sich erst feststellen ließen, nachdem er sich gewaschen hatte. Savio war ohne ernste Beschädigung, aber stark angegriffen und zerschunden davongekommen, und ich freute mich, als ich ihn beim Morgengrauen in seinem Schlafsack schnarchen hörte.

Am nächsten Tage untersuchten wir mit Hilfe des Seiles die Spalte, in die Savio gefallen war, und fanden in ihr Spuren seines Messers bis zur Tiefe von 21 Metern.

Es war ein wahres Wunder, daß Savio so glücklich davongekommen war. Die Einengung in der Spalte, wo Savio im Falle aufgehalten und festgeklemmt wurde, erstreckte sich auf nicht mehr als 2 m Breite, und zu beiden Seiten bemerkten wir tiefe Abgründe, die in ganz bedeutende Tiefen führen mochten. Wir hörten das Aufschlagen der losen Eisstücke, die wir hineinwarfen, erst lange nachdem sie Savios „Landungsplatz" passiert hatten.

Ich selbst wäre ein andermal fast in einen Gletscherriß gestürzt. Im letzten Augenblick warf ich meinen Alpenstock über die Öffnung und machte damit meiner bevorstehenden Reise in die Tiefe ein schnelles Ende. Da ich in dem Augenblick, als der Schnee unter meinem Fuß verschwand, nicht angeseilt war, wäre ich zweifellos zugrunde gegangen, wenn ich mich nicht, ehe ich den Boden unter den Füßen verlor, meines Alpenstockes erinnert hätte. —

Es zeigte sich bald, daß unser Aufenthalt auf der Yorkinſel für unſere Expedition von der größten Bedeutung werden ſollte. Allerdings war das Leben in der kleinen Hütte weit ſchwerer und härter, als in den verhältnismäßig bequem eingerichteten Häuſern am Kap Adare. Unſere Arbeit erhielt aber mit der Norkinſel als Ausgangspunkt ein reicheres Wirkungsfeld und brachte als Entſchädigung für die Anſtrengungen und Entbehrungen, denen wir ausgeſetzt waren, neue wertvolle Erfolge.

Wir machten beſtändig kleinere Schlittenexpeditionen, indem wir die kleine Hütte als Ausgangspunkt nahmen, und es glückte uns nach und nach, ſehr bedeutende und wichtige Sammlungen, namentlich auf geologiſchem Gebiet, heimzubringen. Ich ſelbſt beſchäftigte mich hauptſächlich mit Kartenaufnahmen. Von Savio begleitet, arbeitete ich faſt 7 Wochen im Gebirge um die Sabineſpitze, und es gelang mir, die Küſtenlinien der Robertſonbucht genau zu beſtimmen.

Die Pinguine und andere Polarbewohner

Wie bereits erwähnt, hatten wir an der Küſte des Südpolarlandes ſchon frühzeitig Spuren von **Grundwaſſerfauna** gefunden. Dieſer Umſtand bildet ein höchſt wichtiges Ereignis in der Geſchichte der Expedition.

Ich hatte eines Tages Hanſon mit mir genommen, und wir wanderten am Strande unſerer Halbinſel entlang, um die Veränderungen des Meeres an der Küſte während der vorhergegangenen ſtürmiſchen Tage zu unterſuchen.

Da machten wir beide plötzlich wie auf Verabredung Halt. Vor unſern Füßen lagen ſieben niedliche **Seeſterne**.

Hier eröffnete ſich uns ein neues Feld für die Forſchung, ein neues Feld für menſchliche Forſchung überhaupt. In der wiſſenſchaftlichen Welt war man der Meinung, daß an den Küſten des Südpolarlandes ein Leben überhaupt nicht exiſtiere.

Wir begannen bald mit der eingehenden Unterſuchung nicht nur des Strandes, ſondern auch des Meeresbodens.

Es war eine kalte Arbeit, und unseren bis auf die Haut erstarrten Händen bot sich die Aussicht auf noch mehr Gicht.

Aber der Lohn blieb nicht aus, und wir kehrten mit einer reichlichen Auslese von Polypus, Medusa und andern Arten wirbelloser Tiere zum Lager zurück. Später machten wir verschiedene Entdeckungen auf demselben Gebiete. Wir fingen Fische. Es war ein Festtag für uns alle. Es gab also wirklich eine reiche Grundwasserfauna am antarktischen Festlande.

Der erste Fisch wurde von Hanson gefangen, längere Zeit hatte er es vergeblich mit der Schnur versucht. Alle nur denkbaren Leckerbissen hatte er angewandt, schließlich empfahl ich ihm das Angeln mit dem „Pilk" (einem bleiernen Fisch mit Widerhaken), mit dem Erfolge, daß wir uns bald fünf verschiedene Arten Fische von einer Länge von 15—40 cm sicherten.

Für uns war die Entdeckung nicht nur von wissenschaftlichem Wert. Vielleicht waren die Fische auch eßbar und schmackhaft und boten uns somit die langersehnte frische Nahrung, ein Umstand, der uns nach dem immerwährenden Genuß von Konserven in hohem Grade entzückte. Es regte sich denn auch in unserm Innern ein gewaltiger Appetit, als wir die ersten glitzernden Fische zu Sammelzwecken vorsichtig in Spiritus setzten.

Nachdem wir uns mehrere „Pilke" gegossen und mit ihnen eine Menge Fische, mehr als wir für unsere Sammlung gebrauchten, gefangen hatten, entschlossen wir uns eines Tages zu dem Versuch, sie zuzubereiten. Zwölf Fische wurden sorgfältig gebraten, während wir alle ringsumher standen und den wohltuenden Geruch des frischen Fleisches einatmeten. Der Vorsicht halber schlug ich vor, das Los entscheiden zu lassen, wer den ersten Fisch verspeisen sollte. Vielleicht waren sie giftig, und es wäre unverständig gewesen, wenn wir uns alle der Gefahr einer wenn auch nur leichten Vergiftung ausgesetzt hätten. Es wurde also gelost; indessen war der Appetit so rege geworden, daß wir alle gleichzeitig anfingen, die duftenden Fische zu kosten. Der Geruch war zu verführerisch und die Sehnsucht nach frischer Nahrung zu groß.

Gewöhnlich schlugen wir Löcher ins Eis, um zu fischen, hin und wieder benutzten wir auch die Luftlöcher der Seehunde, da es ja recht zeitraubend war, sich durch das 2 m dicke Eis hindurchzuarbeiten.

In diesen Löchern fingen wir aber nur wenige Fische. Ohne Frage fürchteten sie sich vor den Seehunden und gingen ihnen aus dem Wege.

Bisweilen ereignete es sich, während wir frierend dasaßen und auf den Anbiß warteten und unsere Gedanken tausend und tausend Meilen entfernt in Norwegen weilten, daß wir plötzlich von zwei großen aus der kristallklaren Tiefe zu uns emporsteigenden Augen aus unseren Träumereien erweckt wurden. Es war ein Seehund, der unerwartet aus dem Loch im Eise hervorschoß und uns dabei beinahe umrannte, während unsere Hunde, die schlafend neben uns lagen, vor Schreck über die plötzliche Störung laut heulten und bellten. Ehe aber die Hunde zur Besinnung kamen und Zeit zum Angriff gewannen, verschwand der Seehund entsetzt über den ungewohnten Anblick wieder blitzschnell in die Tiefe.

Gewöhnlich waren die verschiedenen Arten von Seehunden einander feindlich gesinnt; besonders war der weiße Seehund von den andern gefürchtet. Mit einem solchen erlebte Hanson gleich zu Anfang unseres Polarlebens ein gefährliches Abenteuer.

Hanson schreibt darüber in seinem Tagebuche: „Durch einen der Lappen wurde ich geweckt mit dem Rufe: Hanson, auf dem Eise liegt ein Seehund. Ich sprang auf, ergriff Gewehr und Seehundshacke und eilte hinaus. In der Eile hatte ich ein ganz altes Gewehr mit kupfernen Patronen ergriffen.

Im Schutze eines Eishügels schlich ich mich an das Tier heran, das auf einer ziemlich großen Eisscholle lag. Mein Gewehr flog schnell an die Backe, versagte aber mehrmals, und da der Seehund jetzt anfing, sich zu rühren, warf ich die Büchse von mir und stürzte mit der Seehundshacke auf ihn los. Der Seehund wollte entweichen, ich gab ihm aber einen Schlag mit der Hacke. Der Schlag glitt aber an dem Schädel ab, und er wandte sich schnell nach mir um, als wollte er sich über mich werfen. Da ich bis über die Knie im Schnee steckte, gelang es mir nicht, mich frei zu machen. Ich gab ihm deshalb noch einen Schlag mit der Hacke. Dieser Schlag traf ihn im Nacken, machte aber wenig Eindruck auf ihn. Indessen hatte ich doch die Spitze der Hacke so fest in seinen Nacken gegraben, daß ich ihn mir vom Leibe halten konnte, und als ich mich aus dem Schnee herausgearbeitet hatte, sprang ich ihm auf den Rücken. Jetzt begann ein Kampf, der noch wütender als der erste war. Der Seehund wälzte sich auf mich; glücklicherweise gelang es ihm aber nicht, mich mit den Zähnen zu packen, da ich ihn ständig mit der Hacke festhielt. Er wälzte sich noch einmal herum, und ich mußte ihm folgen. Schließlich gelang es mir, auf die Beine zu kommen, um ihm noch einen Schlag auf den Schädel zu geben. In diesem Augenblick eilte mir ein Mann zu Hilfe und versetzte dem Seehund mit dem Bootshaken einige Schläge auf die Schnauze, bis er tot umsank."

Alle antarktischen Robben waren durchaus zahm und furchtlos — bis wir sie angriffen. Sie kamen voller Vertrauen zu uns — sie kannten ja den Blutdurst der Menschen nicht! Es tut weh, einen Seehund zu töten, namentlich wenn man sich hierzu eines Messers bedienen muß. Schossen wir sie mit der Büchse und trafen sie an einer richtigen Stelle in den Kopf oder ins Herz, so starben sie schnell. Stießen wir aber mit dem Seehundmesser fehl, so daß wir nicht gleich das Herz trafen, so erhob sich die Robbe auf ihren Flossen und blickte uns mit den großen, dunklen feuchten Augen an, in denen die Majestät des Tieres uns zu trotzen schien, während das Blut auf den reinen weißen Schnee spritzte und das Bild verdarb.

Nach der Eintönigkeit des Winters freuten wir uns alle auf den Frühling, der uns wieder reiche Abwechselung bringen würde. Besonders wenn die Vögel erst kamen, gab es Arbeit in Hülle und Fülle. Der aber, der sich nach den warmen Tagen, den Tagen des Lichtes, am meisten sehnte, der erlebte den Frühling nicht mehr: unser Präparator Hanson starb am 15. Oktober. Er hatte das ganze Jahr gekränkelt. Der Doktor stellte zwar als Todesursache Darm=

verschlingung fest; aber sein Leiden war anderer Art gewesen, Skorbut oder eine ähnliche Krankheit.

Wir begruben unsern toten Kameraden oben auf dem Kap Adare, bei einem großen Wanderstein, 1000 Fuß über dem Meeresspiegel. Den Platz hatte er sich selbst gewünscht.

Es war eine Zeit der tiefsten Trauer, die unser kleines Lager nach Hansons Tod erfüllte.

Gut war es, daß jetzt wirklich der Frühling vor uns stand mit seiner Aussicht auf lichte Tage, Arbeit und Leben.

Das Vogelvolk rückte heran. In unendlich langen Reihen kam es über den gefrorenen Ozean auf das Polarland zugewandert.

Als wir der Vögel vom Strande aus gewahr wurden, konnten wir nur die schwarzen Köpfe über dem Schnee auf dem weißen Hintergrunde sehen. Die ganze vordere Seite der Pinguine ist silberweiß, weiß wie der Schnee. Einer nach dem andern gingen sie hintereinander her, und sahen wir sie von hinten, so erinnerten sie an eine Trauerprozession. Die kurzen, verstümmelten Flügel hielten sie, um das Gleichgewicht zu halten, wie Arme ausgestreckt. In ihrem Gang glichen sie den alten Matrosen, die, weil sie sich immer auf Deck bewegen, wie der Ozean rollen. Die Vögel treten mit dem ganzen Fuß auf, der dick und fleischig ist und ihnen das Aussehen gibt, als gingen sie in Galoschen.

Kurz nachdem der erste Pinguin auf der Halbinsel angekommen war, hatten ihre Kolonnen einen vollständigen Weg, hart und eben, niedergetreten. Ständig wuchs die Zahl der Pinguine, die täglich am Kap Adare ankamen. Wir gingen hinaus und studierten ihre Reihen in höflichem Abstand. Sobald ein Pinguin aus der Reihe uns entdeckte, arbeitete er sich, von seinen Kameraden gefolgt, vorsichtig in dem losen Schnee zu uns durch, indem er bei jedem Schritt seine Galoschen so hoch hob, daß wir sie über dem Schnee sehen konnten.

Als der erste an uns herangekommen war, machte er Halt und wandte sich nach seinen Kameraden um. Da entstand dann sofort eine laute wissenschaftliche Auseinander-

setzung. Sie hackten mit ihren Schnäbeln auf uns los, zogen an unsern Kleidern, untersuchten uns genau, und nachdem der erste Pinguin seine zoologische Ansicht über uns geäußert hatte, schritt er, von den andern gefolgt, in einigem Abstand um uns herum, bis die Neugierde aller scheinbar befriedigt war. In der stolzen Überzeugung, daß sie eine neue Art von Pinguinen entdeckt hatten, setzten sie dann ihren Weg zu ihren alten Brutplätzen fort.

An manchen Stellen war das Packeis zusammengeschraubt. Große Eisblöcke schienen dem einwandernden Vogelvolk den Weg zu versperren. Die Pinguine ließen sich aber nicht beirren. Mit großer Vorsicht bestiegen sie die kleinen Eisberge und untersuchten sorgfältig den Abgrund zwischen den Eisstücken, hockten nieder und streckten sich mehrmals wieder aus, ehe sie den Sprung wagten. Glückte dieser, so waren sie augenscheinlich außerordentlich stolz und betrachteten ihre eigene Tat mit großer Bewunderung.

Und wie menschlich war ihr ganzes Gebaren! Es kam auch wohl vor, daß einem Pinguin der Sprung nicht gelang und daß er in die Tiefe stürzte. Dann wurde sein Platz in der Reihe augenblicklich von dem nächsten ausgefüllt. Sie würdigten den Gefallenen nicht einmal eines Blickes, und dieser machte einen so beschämten, niedergeschlagenen Eindruck und hielt sich, auch wenn er nicht zu Schaden gekommen war, lange von den übrigen entfernt, bis er auf Umwegen den Trupp wieder erreichte, zu dem er gehörte.

Sobald die Pinguine auf der Halbinsel bei Kap Adare angekommen waren, begannen sie, ihre alten Nester einzurichten, die aus kleinen zu einem Ringe zusammengelegten Steinen bestanden. Es gab sogleich viel zu tun. Die jungen Pinguine schienen am meisten beschäftigt zu sein. Sie hatten ihre Frauen zu wählen, passende Plätze für das Nest auszusuchen und kleine Steine zu sammeln.

Die Pinguingattin legt zwei Eier, und Mann und Frau lösen einander, wie es sich geziemt, in der Arbeit des Brütens ab. Sie sitzen von Mitte November bis Mitte Dezember. Es ist merkwürdig, wie sie während der Schneestürme, die hier auch im Sommer herrschen, die für die Entwicklung der Eier nötige Wärme halten können.

Wir suchten die Temperatur unter den Vögeln während des Brütens festzustellen. Das war aber mit einigen Schwierigkeiten verknüpft. Denn die Vögel hielten die Quecksilberkugel des Thermometers, das wir ihnen ins Nest legten, für einen blanken Stein, der nicht hineingehörte. Sie pickten das Instrument auf und trugen es mit ernster, erfahrener Miene gravitätisch aus dem Nest, um es in einiger Entfernung vorsichtig niederzulegen und sich wieder an ihre schwierige Arbeit zu begeben.

Nach vielen verfehlten Versuchen glückte es uns aber schließlich doch, in das Privatleben des Vogelvolkes einzudringen. Wir stellten die Durchschnittstemperatur unter dem brütenden Vogel fest. Sie betrug + 43 Grad Celsius.

Nach ungefähr einem Monat kamen die Jungen heraus. Hübsche kleine graue weichgefiederte Junge waren es. Die Eltern schienen ihre Kleinen sehr lieb zu haben. Sie gaben ihnen so viel Futter, daß sie, wenn sie auf dem Boden standen, wie kleine graue Säcke aussahen. Das Futter schien nicht nur zur Ernährung zu dienen, sondern auch als notwendiger Ballast während der starken Stürme.

Neue Reisende kamen fortwährend aus dem Meer auf der Halbinsel an. Obgleich das Vogelvolk in so großen Massen auftrat, schien es ein verhältnismäßig geordnetes Gemeinwesen zu bilden. Sie schlugen sich selten ohne besonderen Grund. Am meisten Lärm gab es, wenn ein Dieb auf frischer Tat ertappt wurde. Wenn nämlich ein Paar ältere Pinguine seine Gedanken in die Ferne schweifen ließ, benutzte augenblicklich ein junger wachsamer Nachbar die Gelegenheit, um einen kleinen Stein aus dem Neste des andern zu stehlen, und die unschuldige Miene, mit der der Dieb ruhig nach seinem Nest zurückwanderte, um dieses weiter auszubauen, wirkte sehr komisch. Wurde der Steindieb entdeckt, dann hackten und pickten sie aufeinander los, bis das Blut floß, und verfolgten einander bis weit unter die andern Pinguine, die laut schreiend die Kämpfenden beobachteten und die Vorbeieilenden mit ihren Schnäbeln bearbeiteten.

Die Pinguine sind eitle Vögel. Wenn einer einen Schmutzfleck auf seiner weißen Weste hat, so wird dies sofort von den andern bemerkt, die sich um ihn scharen und ihm anscheinend seine Nachlässigkeit vorwerfen. Der Unglückliche begibt sich dann sofort an das erste beste offene Wasser und stürzt sich in voller Verzweiflung in

die kalten Wogen, um sich in tadellos weißem Glanz wieder unter die andern zu mischen.

Am 2. November fanden wir das erste Pinguinei. Die Eier sind weiß, 5—8 cm lang und 4—5 cm im Durchschnitt. Die Schale ist ziemlich dick, die innere Seite grünlich. Das Eigelb ist im Verhältnis zur Größe des Eis klein, während das Eiweiß in großen Mengen vorhanden ist.

Ich werde den 3. November nicht vergessen, als Must mit einer Menge Eier, die er gesammelt hatte, erschien und uns frische Eier zu Mittag winkten. Nur wer monatelang auf Konserven angewiesen war, begreift die Sehnsucht, mit der wir der Zeit entgegensahen, wenn die Pinguine uns frische Eier liefern würden. Hanson, der Ärmste, hatte immer vom Frühling und von den Vogeleiern geschwärmt, von denen er Kräftigung und Genesung erwartete.

Die frischen Eier boten uns nicht nur eine mit Freuden begrüßte Abwechslung, sie dienten uns auch zur Verstärkung des Proviants für spätere Zeiten. Jeden Tag sammelten wir so viele Eier als möglich und salzten sie nach und nach ein.

Die Pinguineier waren gut; ja, sie mundeten uns vortrefflich. Sie waren, wie die Vögel selbst, sehr „fettig" und schmeckten nach Speck.

Wollten wir die Pinguine selbst essen, die oft einen halben Zoll Speck unter der dicken Haut hatten, so zogen wir sie erst ab und ließen sie draußen in der Kälte hängen und frieren. Dann legten wir sie in Essig und kochten sie dann, bis der weiße Speck ausgekocht war und wie Öl auf der Oberfläche des Wassers schwamm.

Als die ersten Ankömmlinge bereits vierzehn Tage auf ihren Nestern saßen, erschienen immer wieder neue Reisende und richteten ihre Familienwohnungen zwischen den Steinen ein. Nur mit Mühe durch Püffe und Stöße bahnten wir uns unsern Weg durch ihre Reihen, denn sie bedeckten den Boden vollständig.

Ihre Wohnstätten glichen ganzen Straßen mit geschäftigen Mengen von schwarz und weiß gekleideten Menschen. Schmale Straßen liefen kreuz und quer zwischen den Nestern hin.

Am 9. Dezember entdeckten wir den ersten jungen Pinguin, der gerade aus dem Ei gekrochen war. Er war sehr hübsch in seinem grauen weichen Daunenpelz.

Die jungen Pinguine werden in der Weise ernährt, daß sie den ganzen Kopf in den Schlund der Eltern stecken. Die Alten gähnen ganz entsetzlich und stoßen halbverdaute Fischreste auf, die geradeswegs in den grauen daunigen Säcken der kleinen verschwinden.

Die kleinen Pinguine kommen mit dunklen Füßen und dunklen Ringen um die Augen zur Welt. Die Füße werden einige Tage nach ihrem „Auskriechen" rosenrot, während der schwarze Ring um die Augen sich zu dem kreideweißen, breiten Rand verändert, den alle alten Pinguine um die Augen haben und der ihnen das Aussehen gibt, als trügen sie eine Brille.

Sowohl während der Brütezeit wie nach derselben waren die alten Pinguine voller Fürsorge um ihre Nester. Sehr interessant war es, sie vor einem Sturm zu beobachten. Sie wurden von den heftigen Schneestürmen nie überrascht. Schon lange, bevor das Barometer sank, wandten alle Pinguine, die auf den Nestern saßen, den Schnabel gegen Südost, von wo sie den starken Sturm erwarteten.

Dabei drückten sie sich tief über das Nest nieder und machten sich möglichst breit. Während sie unter gewöhnlichen Witterungsverhältnissen die Schnäbel nach allen Richtungen wandten, sich putzten und einander zuschrien, wurde es jetzt plötzlich still, und die Pinguine lagen unbeweglich in langen, regelmäßigen und gut eingerichteten Reihen mit dem Schnabel nach derselben Richtung da. Das ganze sah wie ein ungeheures Lager aus, in dem die Soldaten unter offenem Himmel biwakieren. So unfehlbar kehrten diese Vorsichtsmaßregeln wieder, daß sie uns schließlich als die besten und sichersten Warnungszeichen vor kommenden Stürmen dienten.

Schon vor dem Ankunftstag des ersten Pinguins hatten wir von Zeit zu Zeit den weißen Eispetrel, die braune Skuamöwe und einzelne Exemplare des Riesenpetrels gesehen*).

Alle diese Arten hatten sich zweifellos wie die Pinguine an der Eiskante und an den offenen Kanälen nicht weit vom offenen Meer im Norden aufgehalten. Dort hatten sie ihre natürliche Nahrung, Krustentiere und andere Arten wirbelloser Tiere. Der Riesenpetrel und die Skuamöwe

---

*) Petrel = der Ton liegt auf der zweiten Silbe.

hatten sich gewiß auch während des Winters in der Nachbarschaft der Pinguine aufgehalten. Ersterer, um verunglückte Pinguine zu verzehren, die durch die gewaltigen Eisschraubungen an der Eiskante getötet waren, letztere, um die kranken beschädigten Pinguine anzugreifen und zu töten und sich von ihrem Fleisch zu nähren.

Während der Riesenpetrel somit seinen natürlichen Speisezettel immer veränderte und sich als Aasvogel von toten Vögeln und Seehunden ernährte, war die Skuamöwe bedeutend frecher und griff nicht nur die Pinguine, sondern auch unsere Hunde, ja sogar uns selbst an.

Aus höchsten Höhen schoß die Skuamöwe blitzschnell nieder, schlug uns mit den Flügeln und hackte auf uns los. Sie ließ sich aber im Fluge leicht mit kurzen Stöcken töten.

Wenn wir einen Seehund abgehäutet hatten, ließ sie sich sofort auf dem blutigen, noch dampfenden Körper nieder. Ja, sie kam schon, während wir noch bei der Arbeit waren. Dabei war sie so dreist, daß sie schon an den Hinterflossen hackte, wenn wir noch mit dem Abtrennen des Kopfes beschäftigt waren.

Die Anwesenheit der Skuamöwe bei unsern Schlächtereien schien aber mehr zufällig zu sein. Anders war es mit dem Riesenpetrel, der sich merkwürdigerweise sofort einfand, sobald die ersten Blutstropfen eines Seehunds den weißen Schnee besudelten.

Diese Vögel müssen einen ganz ausgesprochenen Geruchssinn oder ein ganz eigenartiges Auge haben. Selbst wenn wir oft tagelang den Riesenpetrel nicht gesehen hatten, war er doch sofort da, sobald wir einen Seehund töteten.

Es war etwas förmlich Unheimliches in diesem Vogel und seinem plötzlichen Auftauchen.

Auf einer unendlichen, weißen Fläche bin ich mit einem schlummernden Seehund allein, das blendende Sonnenlicht wird von den Schneekristallen zurückgeworfen — das Seehundsmesser verläßt seine Scheide mit einem schrabenden

Laut, der den Seehund weckt. Er hebt den Kopf mit den großen, dunklen, vertrauensseligen Augen.

Er schläft wieder fest im Sonnenlicht auf dem weichen Schnee. Die Flossen bewegen sich; er träumt und stößt durch die nervös zitternden Nasenlöcher gleichsam einen Seufzer aus.

Es ist im Grunde eine Sünde! — ein so schönes Geschöpf mit einem solchen Blick, einem so schönen, weichen Fell!

Die regelmäßigen Herzschläge sind trotz der Speckschicht auf der unteren Seite unterhalb der linken Flosse deutlich sichtbar. Ja, es ist eine Sünde — und doch — ein kurzer Blick ringsumher — ein fast beschämter Blick — fast bange, ja ängstlich ist der Blick: Außer dem Seehund ist kein lebendes Wesen zu sehen — nur die endlose, weiße Fläche und das blendende Sonnenlicht.

Ein Blitz, und das Blut spritzt aus dem durchbohrten, noch klopfenden Herzen gepumpt stoßweise empor.

Der Seehund hat sich auf seinen Vorderflossen erhoben, die dunklen Augen sind noch größer, noch ausdrucksvoller — voll unbeschreiblichen Entsetzens und Schmerzes — einen Augenblick nur — und die Augen brechen, während klares Wasser herausströmt und das Fell anfeuchtet.

Die Gewohnheit macht hart — aber noch einen Augenblick, bis das Abhäuten beginnt — noch einen Blick am Horizont umher — ganz allein mit dem toten Körper!

Nein, ein großer, häßlicher, dunkler Vogel sitzt ganz dicht neben mir und beobachtet mich.

Es ist der Riesenpetrel!

Kaum ist der Seehund abgehäutet und der Kopf entfernt, als der Vogel auch schon an den Seehundsmuskeln reißt und zerrt und große Streifen Fleisch verschluckt, die ihn fast ersticken. Das eine Fleischstück nach dem andern verschwindet in seinem Halse — in dem Halse des Vogels bildet sich eine Kugel. Langsam und mit vieler Mühe bewegt sich diese Kugel abwärts.

Er schlingt weiter und weiter, bis seine weichen Schwimmfüße ihn nicht mehr tragen.

Mehrmals wäre es uns nach solchen Mahlzeiten fast geglückt, den übersättigten Riesenpetrel zu fangen.

Das erste war, daß er auf seinen weichen und verhältnismäßig schwachen Beinen davonzulaufen versuchte. Indessen gab er dieses bald auf, um sich, wenn möglich, in die Höhe zu schwingen. War er dazu aber zu schwer, so trennte er sich von seinem Gewicht, indem er die schwere Mahlzeit wieder ausbrach. Das eine Fleischstück nach dem andern kam zum Vorschein, bis er schließlich Reste von Fischen und weichen Seetieren von sich gab.

Dann erhob er sich vom Eise, und nach einigen wenigen Flügelschlägen glitt er auf seinen großen, unbeweglichen Schwingen blitzschnell davon.

In seiner unersättlichen Gier machte der Vogel einen geradezu widerlichen Eindruck. Im Fluge dagegen wirkte er förmlich imponierend.

Auf einer Schlittenfahrt, die ich Anfang November mit Must unternahm, hatten wir zwei interessante Erlebnisse.

Zunächst stießen wir auf zwei weiße Seehunde, die sich in fürchterlichem Kampf miteinander befanden. Es waren zwei männliche Tiere. Sie brachten einander weit klaffende Wunden mitten durch die Speckschicht und bis tief in die Muskeln hinein bei, so daß das Blut stark hervorquoll.

Sie ließen sich von uns nicht stören, sondern setzten ihren Zweikampf fort, bis sie ganz ermattet und mit Blut überspritzt waren. Ein großer, roter, runder Fleck bezeichnete den Umfang der Kampfstätte.

Nachdem wir sie hinreichend beobachtet hatten, erlegten wir sie mit einer wohlgezielten Kugel.

Sie hatten beide sehr entwickelte Fangzähne und waren ungewöhnlich große Exemplare.

Das zweite Erlebnis war die Jagd nach einem sehr schönen Exemplar des Kaiserpinguins, der etwas über 4 Fuß hoch war. Die Jagd war sehr unterhaltend, namentlich für mich, der ich mich anfänglich nicht daran beteiligte.

Der Lappe Must ging dem Kaiserpinguin auf der ebenen Eisfläche, auf der er einherstolziert kam, entgegen. Immer näher kamen sich die beiden, die fast gleich groß schienen. Jeden Augenblick erwartete ich, daß der Pinguin Unrat merken würde. Der Kaiserpinguin war aber zu sehr von der Erscheinung, die er vor sich sah, in Anspruch genommen. Allem Anschein nach war er fest entschlossen, den Lappen näher zu untersuchen. Jedenfalls wagte er nicht einmal einen Laut von sich zu geben, der möglicherweise das sich ihm nähernde unbekannte Wesen verscheuchen könnte.

Jetzt waren die beiden höchstens zwei Meter voneinander entfernt.

Der Lappe machte Halt, und der Pinguin folgte seinem Beispiel. Der Lappe warf sich auf alle viere, um den Pinguin, falls er sich weiter nähern sollte, an seinen schwarzen Füßen zu ergreifen. Dieser setzte auch richtig seinen Weg dem Lappen entgegen fort. Sei es nun, daß er sein fremdes Gegenüber gleichfalls an den Füßen fassen und in sein Museum schleppen wollte, oder daß er den hinterlistigen Plan des Lappländers erriet, — sicher ist, daß er außerhalb des Bereiches von Musts Armen und Händen blieb und sich nachdenklich vor ihm aufstellte und seine lappländische Fußbekleidung musterte.

Durch eine schnelle Wendung gelang es dem Lappen aber, den einen Fuß des Kaiserpinguins in seine Gewalt zu bringen, so daß der Vogel zu Boden stürzte. Jetzt begann eine heftige Balgerei.

Der Pinguin schlug mit den Füßen tüchtig um sich, und es dauerte nicht lange, bis beide — der Lappe und der Pinguin — bluteten. Mit kräftigen Stößen bearbeitete der Vogel das Eis und Musts Hände und zog seinen Gegner im Kreise mit sich über die glatte Eisfläche, während sie sich immer mehr dem offenen Kanal näherten, aus dem der Pinguin aufgetaucht war. Must konnte offenbar allein nichts ausrichten.

Sobald ich sah, daß der Lappe sich des Pinguinfußes bemächtigt hatte, eilte ich zur Hilfe. Leider langte ich aber zu spät auf dem Kriegsschauplatz an; denn der Pinguin hatte den Lappen so dicht an die Öffnung im Eise gezerrt, daß dieser ihn freigeben mußte, und bei meiner Ankunft tauchte der Pinguin wieder vergnügt aus der Tiefe auf und glotzte uns an.

Kaum waren wir bei unseren Schlitten angelangt, als der Pinguin wieder am Rande des Eises stand und uns mit noch größerer Aufmerksamkeit als vorher betrachtete.

Er hatte jetzt aber mit dem offenen Wasser dicht hinter sich eine vorsichtigere Stellung angenommen.

Wir versuchten es auf verschiedene Art, ihn von dem Kanal abzuschneiden, aber vergebens. Waren wir bis auf eine bestimmte Entfernung an ihn herangekommen, so tauchte er wieder unter.

Schließlich versteckten wir uns hinter einer Eisschraubung und beobachteten den Pinguin, der auch ganz richtig, wie wir es vermutet hatten, neugierig wurde.

Er dachte vielleicht, daß wir eine Öffnung im Eise gefunden hätten und untergetaucht wären, und wollte jetzt untersuchen, wo wir geblieben wären. Er glotzte und glotzte, wir verhielten uns aber vollständig ruhig hinter dem Eishaufen.

Dann fing er an, uns zwischen den Eisschraubungen zu suchen. Der Lappe versuchte einen günstigen Augenblick, um ihn von der Seite zu überrumpeln, und jetzt begann eine wilde Jagd, oder vielmehr ein wilder Wettlauf dem offenen Kanal zu.

Das Eis war hier spiegelglatt. Der Pinguin warf sich sofort auf den Bauch und schoß blitzschnell über das blanke Eis dahin.

Die Pinguine benutzen, wenn sie gejagt werden, immer diese Art der Vorwärtsbewegung. Einigemal hätten wir ihn beinahe ergriffen; durch eine behende Wendung entschlüpfte er uns aber, während wir auf der glatten Eisfläche ausglitten und hinfielen — dann ging es weiter, bis der Pinguin den Rand des Eises vor uns erreichte und vor unsern Blicken verschwand.

Enttäuscht, aber voller Interesse setzten wir etwa drei englische Meilen weit unsern Weg fort. Da tauchte der Pinguin nicht weit von uns wieder aus einer Spalte auf.

Es war, als kenne er unsern Weg. Denn er stand hoch aufgerichtet und selbstsicher da.

Diesmal entkam er uns nicht. Wir schossen ihn mit meiner kleinen Flinte. Die Merkmale an seinen Füßen gestatteten nicht den geringsten Zweifel daran, daß es wirklich unser Bekannter war.

Kurz nachdem wir uns dieses schönen Exemplars bemächtigt hatten, geriet ich mit meinem Schlitten auf sehr dünnes Eis. Noch ehe ich merkte, daß das Eis unsicher war, brach mein Schlitten ein.

Da lag der Schlitten mit fünf Hunden im Wasser, während ich und die andern fünf Hunde am Eisrande standen und an den Ziehleinen rissen und zerrten. Bei diesem Rettungswerk brach ich selbst ein, stand aber schon, ehe der Lappe und die andern Hunde zu Hilfe kamen, mit eigener Hilfe wieder oben auf einem festen Eisstück. Mit vereinten Kräften brachten wir alles aufs Trockne, im Meer herrschte aber ein solcher Strom, daß ein derartiges kaltes Bad nicht ungefährlich war.

Die große Eisbarriere

Am 28. Januar kam die langersehnte „Southern Croß" von ihren arbeitsreichen Kreuz- und Querfahrten in den nördlichen Gewässern zurück.

In den folgenden Tagen wurde das Schiff klar gemacht, um alles, was die Hütten am Kap Adare enthielten, an Bord zu nehmen, die Sammlungen, den Proviant, die Ausrüstung, — und dann ging es am 2. Februar auf die gefährliche Reise nach dem Süden, der großen Eisbarriere entgegen, vorwärts zu neuen Entdeckungen, neuen Abenteuern in den großen wunderbaren Ländern des Südpols.

Am 3. landeten wir auf der Possessions-Insel und am 4. auf der Coulman-Insel, und auf dieser letzteren war unsere Landung die erste Landung von Menschen überhaupt. Von beiden Inseln brachten wir wertvolle Sammlungen und interessante photographische Aufnahmen mit.

Am 5. ergab unsere Mittagsbeobachtung 72 Grad 32 Min. südl. Breite und 168 Grad 2 Min. östl. Länge. Nur eine kleine Schar hatte vor mehr als fünfzig Jahren auf den Schiffen „Erebus" und „Terror" einen südlicheren Punkt erreicht. Die „Southern Cross" näherte sich jetzt mit Riesengeschwindigkeit der Grenze menschlichen Wissens.

Wir landeten noch einmal in der Nähe des Vulkans Melbourne und kamen mit wichtigen Beobachtungen und reichen Sammlungen auf das Schiff zurück.

Vom Fuße des Vulkans Melbourne erstreckt sich nach Süden ein zusammenhängender ununterbrochener Eisfuß, der sich ungefähr 20 m über die Meeresoberfläche erhebt. Die äußere Seite dieses Eisfußes war lotrecht und bildete eine Art Barriere für das Binnenland. An einzelnen Stellen stieg die Eiswand bis zu einer Höhe von 45 m, wahrscheinlich an den Stellen, wo die Eismassen auf Grund gerieten, als sie unter ungeheurem Druck von der Hochebene des Südpolarlandes niedergeglitten war.

Die Eiswand wechselte in den wundervollsten Farben von weiß, grün, blau bis blutrot, wenn die Sonnenstrahlen in den Kristallen spielten.

Die Spitze dieses Eisfußes, der sich bis ungefähr 5 Meilen von der Küste erstreckte, war durchaus eben und weiß und bildete eine Art Fahrbahn an der ganzen Küste nach Süden entlang. Unzweifelhaft war es der Eisfuß, den Roß 1841 gesehen hatte, als er sich wegen des Packeises dem Lande nicht weit genug nähern konnte, um festzustellen, daß es wirklich Land war. Ich war mir aber darüber klar, daß zwischen diesem Eisfuß und der gewaltigen Eiswand, die Roß im fernen Süden entdeckte und die seinem weiteren Vordringen hinderlich gewesen, eine enge Verwandtschaft bestand.

Wir dampften weiter gegen Süden, von schwerem Packeis umringt, das gegen die Seiten des Schiffes donnerte.

Der Vulkan Melbourne bildet eigentlich das Ende von Admiral Roß' Kartierungsgebiet; weiter im Süden stützen sich seine Aufnahmen mehr oder weniger auf lose Vermutungen.

Am 9. Februar waren wir an der Franklin=Insel, früh am 10. kamen wir an der Beaufort=Insel vorbei, und kurz darauf kamen die Vulkane Terror und Erebus in Sicht

Ich hatte beim Beginn der Reise nach Süden gehofft, daß es mir gelingen würde, westlich von den Vulkanen

Erebus und Terror in die Mc. Murdo-Bucht einzudringen. Ich gab aber den Plan bald auf, nachdem ich die Eisver=
hältnisse in den Buchten am Südpolarlande näher kennen gelernt hatte. Angesichts des Umstandes, daß ich nur über

ein Schiff verfügte, war er aussichtslos. Dagegen wollte ich die große Eisbarriere, die seiner Zeit Roß zurückgehalten hatte und die jedes weitere Vordringen unmöglich zu machen schien, so genau wie möglich untersuchen. Ich beschloß, an der Barriere zu landen, sie zu besteigen und auf ihr mit Schlitten und Hunden so weit gegen Süden vorzudringen, als die Verhältnisse und die vorgeschrittene Jahreszeit es gestatteten.

Am 10. Februar 1900 befand sich die „Southern Croß" in 77° 17' südl. Breite und 168° östl. Länge. Eine eigenartige und großartige Landschaft lag vor uns. Geradeaus gegen Süden stiegen die gewaltigen Vulkane Erebus und Terror zum Himmel empor. Vom Krater auf dem Erebus, der sich mehr als 3000 m über die Meeresfläche erhebt, strömten dicke Rauchwolken stoßweise in die klare, kalte Luft empor. Am Fuße des Vulkans Terror war das dunkle Gestein unter der Eisdecke sichtbar; aber weiter östlich sahen wir den Anfang der berühmten Eisbarriere, die den Menschen bis dahin die Geheimnisse des Südpols verborgen hatte.

Das Barometer stand verhältnismäßig hoch, so daß ich mich entschloß, soweit es die Zeit erlaubte, Untersuchungen anzustellen. Ich ließ die „Southern Croß" eine Meile seewärts ankern, setzte ein Walfangboot aus und nahm Kapitän Jensen, Leutnant Colbeck und zwei Matrosen mit. Es war meine Absicht, das schneefreie Kap, das sich am Fuße des Vulkans Terror zeigte, zu untersuchen. Ich hoffte, hier interessante Befunde über die Zusammensetzung der Gebirgsmasse zu machen.

Als wir näher kamen, entdeckten wir einen ganz kleinen halbmondförmigen Strand, der an der höchsten Stelle etwa 1½ m über der Meeresfläche lag. Der kleine Strand war sicherlich durch Gestein gebildet, das von dem überhängenden vulkanischen Felsen abgebröckelt war. Der Felsen stieg, kahl und dunkel, 200 m aus dem Meere empor und trug auf seiner Höhe eine Eisdecke, die einen scharf abgeschnittenen, ca. 10 m dicken Rand hatte. Ungefähr eine englische Meile westlich von uns schoß ein ungeheurer Gletscher vom Abhang des Vulkans Terror hinab.

Kurz nachdem wir auf dem kleinen Strande gelandet waren, sandte ich unvorsichtigerweise das Boot unter dem Kommando des Leutnants Colbeck mit den beiden Matrosen nach dem Schiff zurück, um einen photographischen Apparat zu holen. Ich fand nämlich, daß die Felsgestaltungen mancherlei darboten, das von geologischem Interesse war, und ich wollte den Platz nicht eher verlassen, als bis ich ihn untersucht und einige Aufnahmen gemacht hatte.

Leutnant Colbeck und die beiden Matrosen hatten den Apparat geholt und befanden sich gerade wieder auf halbem Wege zwischen dem Schiff und dem Strande, auf dem Kapitän Jensen mit mir stand. Da ertönte plötzlich ein dröhnendes Krachen über unseren Köpfen. Anfänglich dachten Jensen und ich, daß der Felsen über uns im Begriff stehe, niederzustürzen.

An Bord der „Southern Cross", wo das donnerähnliche Getöse gleichfalls gehört wurde, wußte man zuerst auch nicht, welche Naturkräfte sich hier in Bewegung befanden, und infolge der Nähe der Vulkane erging man sich in den verschiedenartigsten Mutmaßungen.

Da zeigte sich im Westen ein merkwürdiges Bild, während das Krachen fortdauerte. Eine ungeheure Schneewolke wälzte sich aus der Höhe auf die Wasserfläche nieder, während das Meer sich aufzurichten schien, um sich der Lawine entgegenzuwerfen.

Bald begriffen Kapitän Jensen und ich auf dem Strande, Leutnant Colbeck und die beiden Matrosen im Boot, was hier vor sich ging, und ebenso schnell erkannten wir die Gefahr, die uns bevorstand.

Ein mächtiger Eisberg war entstanden. Millionen Tons von blau schimmerndem Eis waren in das Polarmeer gestürzt, und dieser ungeheure Eiskörper, der sich plötzlich in das Meer senkte, verursachte eine turmhohe Welle, die sich mit weißem Schaum gegen unsern Strand wälzte und uns aufzusaugen drohte.

In dem Augenblick, als Leutnant Colbeck vom Walfang=
boot aus die Welle sah, ruderte er aus allen Kräften auf
Jensen und mich zu, um uns noch rechtzeitig zu erreichen,
ehe das Wasser sich über unsern Köpfen schloß.

Aber wir zwei am Strande wußten beide in demselben
Augenblick, daß das schwere Boot zu spät kommen würde.
Instinktiv sprangen wir auf den höchsten Teil des kleinen
Strandes, obgleich die damit gewonnenen fünf Fuß uns
unbedeutend erschienen gegenüber der schwarzen sich heran=
wälzenden See, die uns schon im nächsten Augenblick mit
sich fortzureißen drohte.

Das Ganze kann nur wenige Minuten gedauert haben;
sie wurden für uns aber zu einer Ewigkeit. Die Flut
ergriff uns, ging über unsere Köpfe weg, warf uns gegen
die Felswand, zog uns wieder zurück und schlug uns schließ=
lich gegen die scharfen Steine.

Die erste Woge war die höchste, und bald fühlten wir
wieder festen Boden unter den Füßen. Als das Boot uns
dann erreichte, fand Leutnant Colbeck uns beide schlimm
zugerichtet und stark blutend, dabei von dem eiskalten
Wasser bis auf die Haut durchnäßt.

Was uns gerettet hatte, war augenscheinlich in erster
Linie ein vorspringendes Eisstück, das losgerissen wurde,
als die See das erstemal gegen die Klippe schlug. Hier=
mit verlor sie einen Teil ihrer Kraft, und da der Felsen
einige Meter westlich von uns eine konvexe Biegung machte,
so erhielt die Woge, während sie gegen diesen schlug, eine
Neigung, ihren endgültigen Hauptdruck erst gegen den Fels
östlich von der Stelle auszuüben, auf der wir uns befanden.

Hier benäßte die Woge das Gestein bis etwa 6 Meter
über der Meeresfläche. Gerade an dieser Stelle standen wir,
als der Eisberg ins Meer stürzte. Wären wir dort geblieben,
so hätte der erste Schlag der Flut uns zerschmettert. Denn
große Felsstücke waren niedergerollt, und die Felswand
hatte nach den gewaltsamen Schlägen der Woge ihr Aus=
sehen auffallend verändert.

Wir beeilten uns, so schnell als möglich ins Boot zu

kommen und uns samt unseren Sammlungen und Erfahrungen in Sicherheit zu bringen.

An Bord war man unsertwegen in großer Aufregung und Sorge gewesen. Als wir uns alle wieder wohlbehalten auf dem Schiffe zusammenfanden, wurden wir mit Fragen förmlich überschüttet und unsere Wunden in ärztliche Behandlung gewonnen.

Nur wenige haben Gelegenheit gehabt, dem „Kalben" eines Eisberges beizuwohnen. In der Tat war es ein seltenes Schauspiel, dessen Augenzeugen wir soeben waren. Man erfährt häufig von Eskimos, die in ihren Kajaks die Klagen der Gletscher bei den Geburten gehört haben und sich in aller Eile auf das Land retten wollten, dabei aber in der Woge, die die Wiege des neugeborenen Eisberges wurde, ein kaltes Grab fanden. Wir hätten unsern Wissensdrang ebenfalls beinahe mit dem Leben bezahlen müssen.

Ich gab Befehl, auf Kap Crozier, das östliche Kap des Vulkans Terror, loszusteuern. Es waren 59 Jahre vergangen, seitdem ein Mensch zum erstenmal diese mächtigen Vulkane am südlichen Pol der Erdachse beobachtet hatte, und seit jener Zeit hatte es niemand gewagt, sich diesen dem menschlichen Wissensdrang entgegentretenden Schranken zu nähern. Die Vulkane im Westen und die große sich nach Osten erstreckende Barriere waren ein für allemal als die äußerste Grenze der südlichen Welt festgestellt, und über sie drang der menschliche Geist nur auf Grund der Erfahrungen, die innerhalb der hohen Breiten des nördlichen Polarlandes gesammelt worden waren.

Es dürfte von Interesse sein, einen Teil des Berichtes durchzugehen, den Sir James Clerk Roß an die englische Admiralität einsandte, nachdem er 1841—42 diese Gegend gesehen:

„Mit gutem Wind und bei klarem Wetter näherten wir uns einem Lande im Süden, das seit dem verflossenen Tage in Sicht gewesen war und das wir Die hohe Insel nannten. Es entpuppte sich als ein Bergriese, der 12000 Fuß über die Meeresfläche emporragte. Er sandte Flammen und Rauch in großen Mengen aus. Die Entdeckung eines tätigen Vulkans in dieser hohen südlichen Breite ist natürlich als ein Ereignis von außerordentlicher geologischer Wichtigkeit zu betrachten.

Ich nannte den Vulkan „Erebus" und einen weniger ausgebrannten Vulkan im Osten, der ungefähr 10000 Fuß hoch war, „Terror".

Als wir uns mit allen Segeln diesem Lande näherten, entdeckten wir eine niedrige weiße Linie, die sich von der östlichen Seite des Vulkans, soweit das Auge reichte, nach Osten erstreckte. Diese Linie hatte ein eigenartiges Aussehen; je näher wir kamen, desto mehr nahm sie an Höhe zu, bis sie sich schließlich als eine lotrechte, 150 bis 200 Fuß aus dem Meer hervorragende Felswand erwies. Sie war oben ganz flach und an der Seeseite ohne irgend einen Bruch oder vorspringenden Punkt.

Was sie in ihrem Innern barg, vermochten wir nicht einmal zu erraten! Es war für uns alle eine große Enttäuschung, daß wir hier auf ein derartiges Hindernis stoßen mußten. In Gedanken waren wir schon weit über den 80. Breitengrad fort; die Beschaffenheit dieses Hindernisses war aber eine derartige, daß jede Hoffnung ausgeschlossen war."

Soweit Roß.

Am Morgen des 10. Februar begann die große Eisbarriere, die wir jetzt deutlich in geringer Entfernung vor uns hatten, unsere ungeteilte Aufmerksamkeit und unser Interesse in Anspruch zu nehmen.

Sie erstreckte sich vom Kap Crozier in östlicher Richtung nach dem Horizont, bis sie wie ein weißer Streifen im Meer versank. Die weißblaue Eiswand war am Fuße des Vulkans Terror 70 m hoch und fiel unmerkbar bis auf 30 m über den Meeresspiegel ab.

Ich wäre übrigens gerne auch nach Westen gesteuert, um mich wenn möglich an Ort und Stelle davon zu überzeugen, ob sich westlich von den beiden Vulkanen auch eine Eisbarriere befand. Die schweren und unbeweglichen Eis-

79

maſſen aber, die in der Mc. Murdo-Bucht herrſchten, veranlaßten mich, dieſe Unterſuchung zu unterlaſſen. Die „Southern Croß" hätte ſonſt leicht wie der Fuchs in der Falle von Treibeis in der Bucht gefangen genommen und

lange eingeſchloſſen werden können.

Es war mir ſofort klar, daß die berühmte Eisbarriere nichts anderes als das äußerſte Ende eines ungeheuren Gletſchers war, der aus dem Gebiete um den Südpol nach Norden floß.

Schon Sir James Clerk Roß hatte feſtgeſtellt, daß die

Barriere sich Hunderte von Meilen östlich erstreckte. Da aber Roß und seine Begleiter keine Gelegenheit hatten, die Gletscher des Südpolarmeeres in nächster Nähe zu studieren, so kam ihnen diese Eiswand als eine unerklärliche Naturerscheinung vor.

Gerade bei der Untersuchung dieser Barriere, die über ein halbes Jahrhundert die Menschen zurückgehalten hatte, erkannten wir den Wert der Studien, die wir im verflossenen Jahre an der Robertsonbucht gemacht hatten.

Hier lag etwas Neues vor mir, und doch war es gewissermaßen eine Wiederholung dessen, was ich auf meinen Reisen nach den äußersten Grenzen des Murray- und Dugdale-Gletschers gesehen hatte, nur daß die Verhältnisse hier weit größer und unüberwindlicher waren.

Wahrscheinlich bestand diese Eiswand, deren äußerer Rand die erste Stufe der beschwerlichen Treppe zum Südpol bildete, aus unzähligen großen Gletschern, die im fernen Süden, vielleicht unter gewaltigem Gefälle, das Meer erreichten, wo sie durch den mächtigen Druck der niederstürzenden Eismassen zu einem Ganzen zusammengefügt wurden. Dieser Druck schob nun, nachdem durch Zufuhren von den verschiedenen Gletschern die zusammenhängende Eismauer gebildet war, die Eisdecke weiter nach Norden.

War es nicht dasselbe, was wir südlich vom Vulkan Melbourne gesehen hatten, wo ein von unzähligen Gletschern gebildeter zusammenhängender Eisfuß sich wie ein künstlich aufgeworfener Strandweg an den Küsten des Südpolarlandes hinzog?

Die Wand glitzerte in grünen, blauen und roten Kristallen, die in Farbenstärke wechselten, während der obere Rand der Barriere kreideweiß war, so weiß, daß er durch seine Einförmigkeit schließlich erdrückend wirkte.

Am 11. Februar dampften wir südlich weiter. Wegen des Nebels ging die Fahrt nur sehr langsam vorwärts, da wir mit Rücksicht auf die Eisberge sehr vorsichtig sein mußten. Wir passierten viele Kolosse von 30—60 m über der Meeresoberfläche. Alle diese zeigten durch ihr Äußeres deutlich, daß sie von der Barriere abgebrochen waren, von der sie wahrscheinlich einen vorgeschobenen Teil gebildet hatten.

Ungeheure Massen dieser viereckigen Eisfestungen werden jährlich — jeden Herbst — ins Polarmeer hinausgesandt, und während eines Ausbruchs der Vulkane und Erdbeben muß sich die große Bucht sicher mit diesen blauen Bergen füllen.

Das Naturschauspiel, das wir von Zeit zu Zeit am Erebus und Terror beobachteten, kann derjenige, der diese Gegenden nicht besucht hat, sich schwerlich ausmalen. Das Feuer und der Dampf der Vulkane unter Blitz und rollendem Donner, das Zerreißen der Barriere unter lautem Krachen, wenn die Eisberge nicht einzeln, sondern hundertweise ins Polarmeer stürzen, das Meer in wildem Aufruhr mit gewaltigen Flutwellen, — alles in dieser weißen, stillen Landschaft, das sind kleine Stufen in der Entwicklung, die ein Zuschauer aus dem Menschengeschlecht als epochemachend bezeichnen würde.

Der Nebel hatte uns inzwischen stärker eingehüllt, und das Signal „Halbe Fahrt" war von der Komandobrücke soeben nach der Maschine gegeben, als ich in der Kajüte den zweiten Steuermann Hansen, der die Wache hatte, laut rufen hörte: „Hart Steuerbord! — Hart Steuerbord!" — Ich hörte die Ruderketten rasseln, fühlte, wie das Schiff sich auf die Seite legte, und sah an dem Kajütenkompaß, daß eine plötzliche Kursveränderung stattgefunden hatte. Als Jensen und ich gleichzeitig den Kopf aus der Kajütentür steckten, berührte die untere Raae der „Southern Croß" gerade die spiegelblanke Seite eines ungeheuren Eisberges, während der Schiffskörper, seinem Steuer gehorchend, scharf an der Kristallwand wie an einer Dampferbrücke in einem kühnen Bogen dahinglitt.

Ich kann nicht leugnen, daß es mir kalt den Rücken herunterlief.

Vom 12. bis 14. Februar herrschte ein starker Sturm, erst am 15. klärte sich das Wetter auf. Wir waren in den Sturmtagen von der Barriere abgekommen, richteten aber jetzt den Kurs wieder auf sie zu und bekamen sie bald in Sicht.

Am 16. Februar folgten wir den ganzen Tag und die folgende Nacht in ehrerbietigem Abstand der großen Eisbarriere, die sich Meile auf Meile mit genau demselben Aussehen fortsetzte.

Früh am 17. Februar entdeckten wir endlich eine Veränderung in der Barriere. Die einförmige weiße Linie, die wir jetzt jeden Tag auf einer Strecke von 400 Meilen gesehen hatten, wurde plötzlich unterbrochen. Die Barriere endigte in einem Kap, das ungefähr 30 m hoch war. Kurz nachdem wir dieses Kap entdeckt hatten, erblickten wir in einer Entfernung von einer halben Meile ein anderes Eiskap, das dem ersten ganz ähnlich war. Die beiden Kaps bildeten Köpfe auf jeder Seite der Einfahrt einer offenen Bucht, die in der großen Eisbarriere vorhanden war.

Durch diese Kristallpforte bekamen wir dann später von der Tonne aus eine freie Aussicht nach Süden über ein offenes, eisfreies Bassin. Wir setzten unsern Weg fort, bis wir auf der Höhe des Eingangs zu dieser Öffnung in der Barriere waren. Da hatte ich eine kurze, aber ernste Beratung mit Kapitän Jensen. Es handelte sich darum, ob es sich empfehle, in diesen eigenartigen Hafen im Inlandeise, der hier vor uns lag, einzulaufen.

Die Gefahr war insofern groß, als dieser Rand des Inlandeises sich leicht derartig verändern konnte, daß die Eispforte sich plötzlich schloß und die „Southern Croß" wie eine Falle umgab. Außerdem war es bereits Spätherbst. Die Temperatur war meistens sehr niedrig, und es begann sich schon neues Eis auf die Meeresfläche zu legen. Die größte Gefahr drohte indessen aus Ost. Hier entdeckten wir nämlich, kurz nachdem wir unsere Maschine etwa zwei Meilen vor der Einfahrt gestoppt hatten, schweres Packeis, das sich schnell nach Nordwest bewegte. Von der Tonne konnten wir dichtes Packeis ganz bis zum östlichen Horizont sehen.

Nachdem ich noch einmal alles gründlich erwogen und sämtlichen Mitgliedern der Expedition den Stand der Dinge klar gemacht hatte, ertönte das Signal an der Maschine, und langsam glitt die „Southern Croß" der Einfahrt in der Barriere zu.

Es war 3 Uhr 30 Minuten vormittags am 16. Februar 1900, als wir die Eispforte passierten und in gänzlich ruhiges Wasser einliefen.

Nach Westen hielt sich die Barriere in einer Höhe von 30 m, fiel dann aber südöstlich zu einer Höhe von nur $^{1}/_{2}$ m über der Meeresfläche ab. Gegen Ost und Süd stieg die Eisbarriere wieder zu einer Höhe von 30—40 m und behielt diese Höhe, soweit das Auge folgen konnte.

Wir liefen mit der „Southern Croß" bis zum südlichen Teil des Hafens, wo die Barriere nur einen halben Meter über der See war, und wo sie eine Art Brücke bildete. Hier warfen wir unsern Anker.

Ich war entschlossen, mit einer Schlittenexpedition südlich zu gehen, um wenn möglich die Oberfläche der Barriere zu untersuchen. Das war die letzte große Aufgabe, die gelöst werden mußte.

Sollte es uns glücken, einen Weg südlich über die Barriere zu finden, sollte es uns glücken, das Hindernis zu übersteigen, das über 60 Jahre die Forscher abgeschreckt hatte, und sollte es uns schließlich glücken, die Möglichkeit nachzuweisen, daß diese Barriere zu einem weiteren Vordringen in die Geheimnisse des Südpols brauchbar war, so würden wir damit den Weg für weitere Forschungen in den Gegenden öffnen, die bis jetzt der Wissenschaft hoffnungslos verschlossen waren.

Der folgende Morgen begann klar und vielversprechend. Die Schlitten mit der Ausrüstung waren in Ordnung, und die Mitglieder warteten mit Spannung auf die Wahl meiner Begleitung nach Süden. Ich nahm Leutnant Colbeck und den Lappen Savio mit mir. Wir waren alle drei auf Skis. Zwölf unserer besten Hunde zogen einen leichten Schlitten mit Proviant und unserer Ausrüstung. Bevor

Savio Colbeck und ich uns nach dem Süden begaben, verabredete ich mit Kapitän Jensen die Maßregeln, die für

den Fall zu treffen waren, daß unvorhergesehene Umstände ihn dazu zwingen sollten, den Hafen der Barriere zu verlassen, in dem die „Southern Croß" jetzt sicher verankert lag.

Es war nicht unwahrscheinlich, daß die verhältnismäßig schmale Einfahrt dieses merkwürdigen Eishafens sich eines Tages schließen würde, oder daß Eismassen sich in Bewegung setzen und die Sicherheit des Schiffes bedrohen konnten. Ferner beunruhigte mich natürlich auch das schwere Packeis im Osten. Sollte es vordringen, so konnte es möglicherweise die Einfahrt verschließen und den Hafen vollständig ausfüllen, in welchem Falle für die "Southern Cross" wenig Aussicht auf Rettung war. Der Ernst der Lage stand somit klar vor uns, und nichts blieb in Bezug auf die verschiedenen Möglichkeiten, die eintreten konnten, unüberlegt. Es sollte stets Wache in der Tonne gehalten und die geringste Veränderung der Eismassen sofort nach unten gemeldet werden. Das Schiff sollte immer unter Dampf liegen, sodaß sofort gehandelt werden konnte, sobald seine Stellung gefährdet war. Falls Jensen in meiner Abwesenheit gezwungen sein sollte, den Hafen zu verlassen, war Proviant und Ausrüstung einschließlich der seidenen Zelte an der Stelle auf der Barriere, wo das Schiff jetzt vertaut lag, für uns an Land zu schaffen. Auf diese Weise würden wir drei, Savio, Colbeck und ich, ausreichend Proviant für ein Jahr haben.

Noch einmal hielt ich jedem einzelnen die Möglichkeit vor, daß wir unter Umständen noch ein Jahr überwintern müßten, obgleich ich, wenn irgend möglich, noch im Jahre 1900 zu der Zivilisation zurückkehren wollte.

Leider hatten zu dieser Zeit nur wenige Teilnehmer Lust, eine zweite Überwinterung in diesen Gegenden durchzumachen. So wunderbar war dies eigentlich nicht. In einem Punkt waren wir uns aber alle einig. Die Barriere mußte erstiegen und untersucht werden.

Um 6 Uhr 40 Min. traten Savio, Colbeck und ich unsern Marsch nach Süden an, indem wir einem kleinen Tal in der Barriere folgten, das in gerader Linie emporstieg. Schlitten und Skis glitten leicht über die ebene Fläche hin. Hier gab es keine Schraubungen, keine Unebenheiten, die uns auf unserm Marsch hinderlich waren. Die

Masten der „Southern Croß" verschwanden schnell hinter der Barriere im Norden, während wir drei mit unseren Schlitten allein auf der weißen Oberfläche dahineilten.

Als wir eine Höhe von 35 m erreicht hatten, schien die Eisfläche nicht mehr zu steigen. Sie hielt sich aber auf derselben Höhe. Hier und da hob sich die Fläche zu kleinen Hügeln von 6 bis 10 m. Sie waren kegelförmig wie kleine Vulkane und bewiesen durch ihr Vorhandensein, daß hier ein kolossaler Druck herrschte. Möglicherweise war der Meeresboden unter diesem Punkt derartig, daß das auslaufende Inlandeis hier auf Grund geriet, wodurch beim Treiben des Inlandeises nach Norden der Druck entstand.

Kurz nachdem wir den ersten kleinen Eiskegel entdeckt hatten, wurden wir auf etwas Dunkles in Südost aufmerksam, das aus der Oberfläche der Eiswüste förmlich emporragte.

Anfänglich glaubte ich, daß es Land in der Ferne sei; nachdem wir aber eine Stunde weiter gefahren waren, bemerkten wir, daß der Punkt nicht das sei, was wir gedacht hatten, und bald entpuppte er sich als eine große emporragende Eiswand.

Während wir Halt machten, um diese die weiße Fläche unterbrechende Unregelmäßigkeit näher zu betrachten, ertönte in der Ferne ein Knall wie von einer Kanone, und kurz darauf wiederholte der Knall sich mehrmals bei der hohen Eiswand im Südost.

Wir setzten unsere Reise südöstlich fort, bis wir den Punkt erreichten, wo die Eisfläche durchbrochen war und die Eiswand hervorragte.

Hier schien ein fürchterlicher Druck zu herrschen. Zahlreiche Spalten und Schlünde umgaben diese Stelle, und unzweifelhaft war das Polarmeer hier verhältnismäßig flach. Hier stand zweifellos das Eis auf Grund.

Die Temperatur hatte sich, seitdem wir das Schiff verlassen hatten, auf 24,4 Grad Celsius gehalten. Als aber ein Südwind aufkam und den leichten Nebel lüftete, der sich über die unendliche Fläche gesenkt hatte, fiel die Temperatur schnell auf — 32 Grad Celsius. Wir setzten die Reise südlich, ohne Land zu Gesicht zu bekommen, über eine ununterbrochene Ebene fort und erreichten 78 Grad

50 Minuten — achtundsiebzig Grad fünfzig Minuten südlicher Breite bei 164 Grad 32 Minuten 45 Sekunden westlicher Länge.

Es war am 17. Februar 1900.

Wir machten hier Halt und beratschlagten.

Es war die höchste Breite, die bis jetzt ein mensch=

licher Fuß betreten hatte. Der Weg, den wir hinter uns hatten, und der Weg, der vor uns lag, boten die besten Aussichten weiter zu kommen, und deshalb kostete es mich eine große Überwindung, mich zur Umkehr nach dem Schiffe zu entschließen.

Mein Plan war ausgeführt, unser Ziel war erreicht. Wir hatten die Barriere bestiegen und waren auf ihr genügend weit nach Süden vorgedrungen, um uns über ihre Natur klar zu sein. Wollten wir unseren Weg südlich fortsetzen, so liefen wir Gefahr, vom Schiffe abgeschnitten zu werden und uns vielleicht einer neuen Überwinterung auszusetzen. Deshalb gebot die Vernunft, umzukehren.

Wieder knallten die Peitschen in der kalten Luft. Die Hunde heulten, und zum erstenmal ging es zurück nach Norden. —

Am 18. Februar um 1 Uhr warfen wir die „Southern Cross" von der Barriere los. Bald überfiel uns ein fürchterlicher Sturm, und dieser erinnerte uns daran, daß wir uns dem Unwettergebiet am Kap Adare näherten, wo der unbarmherzige Südoststurm das ganze Jahr sein Regiment führt.

Wir waren auf der Südtour wiederholt mit einer dicken Eisschicht bedeckt worden; aber nie hatte die „Southern Cross" größere Ähnlichkeit mit einer überzuckerten Südfrucht gehabt, als auf dieser Reise nach Norden. Eis überall in der Takelage, auf Deck, in der Kajüte, auf den Instrumenten, auf Speise und Trank, in den Augen, im Mund, im Haar, überall war salziges Eis, während der Bug der „Southern Cross" tief in die schweren Wogen tauchte, die mit großen weißen Kämmen über uns dahinstürzten.

Die Stunden in der Tonne und auf der Kommandobrücke waren alles andere als angenehm, und unsere Nerven wurden bis zum äußersten auf die Probe gestellt. Das Bewußtsein, daß es jetzt schnell nach Norden milderen Gegenden entgegenging, gab uns neue Kraft.

✳

www.ingramcontent.com/pod-product-compliance
Lightning Source LLC
Chambersburg PA
CBHW020936230426
43666CB00008B/1702